公司高管地缘关系实证研究：
治理机制与经济后果

俞俊利◎著

图书在版编目(CIP)数据

公司高管地缘关系实证研究:治理机制与经济后果/俞俊利著. —上海:立信会计出版社,2018.8
ISBN 978-7-5429-5937-9

Ⅰ.①公… Ⅱ.①俞… Ⅲ.①公司—企业管理—研究 Ⅳ.①F276.6

中国版本图书馆 CIP 数据核字(2018)第 216482 号

策划编辑　黄成艮
责任编辑　黄成艮
封面设计　南房间

公司高管地缘关系实证研究:治理机制与经济后果

出版发行	立信会计出版社			
地　　址	上海市中山西路 2230 号	邮政编码	200235	
电　　话	(021)64411389	传　　真	(021)64411325	
网　　址	www.lixinaph.com	电子邮箱	lxaph@sh163.net	
网上书店	www.shlx.net	电　　话	(021)64411071	
经　　销	各地新华书店			
印　　刷	江苏凤凰数码印务有限公司			
开　　本	710 毫米×1000 毫米　　1/16			
印　　张	9.5			
字　　数	147 千字			
版　　次	2018 年 8 月第 1 版			
印　　次	2018 年 8 月第 1 次			
书　　号	ISBN 978-7-5429-5937-9/F			
定　　价	26.00 元			

如有印订差错,请与本社联系调换

前　言

本研究通过对关系治理定义的重新界定,从关系嵌入的视角入手,结合正式与非正式制度环境,以公司高管地缘关系为切入点,基于研究场景选取适合的上市公司样本,实证检验了公司高管团队的地缘关系对公司治理中的经理人薪酬契约、内部控制质量、企业投资行为及公司风险等的影响。具体研究问题及相关结论简述如下。

首先,笔者研究了上市公司中总经理和董事长的地缘关系对薪酬契约的影响。研究发现,董事长与总经理之间存在地缘关系的公司薪酬业绩敏感度更低,且这一现象主要发生在业绩较差时,说明地缘关系削弱了通过薪酬契约监督总经理的有效性。进一步研究则表明,外部正式制度和地缘关系之间存在替代性。这一研究初步表明,关系网络会对公司治理产生一定的影响。其次,笔者又从地缘关系对内部控制质量的影响进行了探索,目的在于进一步理解高管关系网络对公司治理的冲击。研究发现,董事长与总经理之间地缘关系越强的上市公司内部控制质量越低,且国有企业中内部关系治理与内部控制质量的关系弱于非国有企业。进一步研究发现,连锁商业网络的构建(外部关系治理)有助于改善地缘关系对上市公司内部控制质量的反向作用。在考虑地缘关系对公司治理机制的影响之后,笔者转而将目光聚焦在对公司行为的影响上,并由此产生了第三个研究问题,即地缘关系是否影响公司投资行为。研究发现,国有企业董事长与总经理间地缘关系较非国有企业更紧密,以地方国有企业更甚;当企业与董事长出生(成长)地处于同省时,董事长与总经理地缘关系更紧密。董事长与总经理地缘关系越强,企业投资效率降低。相比民营企业而言,国有企业高管地缘关系对投资效率影响更明显;相比地方国有企业而言,中央国有企业高管地缘关系对投资效率影响更明显;与董事长不在同省的企业高管地缘关系对投资效率影响更明显。最后,笔者考虑了地缘关系对公司股票风险的作用。研究发现,公司董事长与总经理的地缘关系越强,公司股价崩盘风险越大。区分宏观制度环境的检验显示所在地区正式的法律环境越弱、非正式的文化传统越强,高管地缘关系与公司股价崩盘风险的正向关系越强;作用机制的探索显示会计信息透明度、过度投资与税收激进是上述关系的重要渠道。

本研究贡献在于将西方社会网络理论和中国特殊的社会结构及关系网络形态相结合,不仅进一步拓展了传统社会关系网络对经济行为影响的研究,而且进一步反映了在中国特色情境下的差序文化之地缘关系所带来的不同影响,为理解新兴市场中公司治理、公司决策、风险等提供了与西方不一样的角度,对于企业管理团队选拔策略提供了一定的现实借鉴。

俞俊利
2018 年 8 月

Abstract

From the perspective of relational embeddedness and with corporate executives' geographical relationship as a starting point, this study examines the effect of corporate executives' geographical relationship on corporate governance, such as manager compensation contract, internal control quality, corporate behavior, and firm risk by redefining the definition of relational governance, combining the formal and informal institutional environment and selecting the appropriate sample of listed companies based on research scene.

This study examines the effect of geographical relationship between general managers and chairmen in listed companies on compensation contract. The findings show that, compared with listed companies without geographical relationship, there is even lower sensitivity of compensation to performance in companies where geographical relationship exists. This phenomenon mainly occurs when the performance is poor, which indicates that geographical relationship weakens the effectiveness of supervising the general manager through the compensation contract. Further research shows that is alternative between external formal institution and geographical relationship. This study suggests that social network has a certain impact on corporate governance. To understand the impact caused by executives' social network more precisely, this study also explores the effect of geographical relationship on internal control quality. The findings show that the internal control quality will be lower in listed companies with stronger geographical relationship between general managers and chairmen. And the relationship between internal relational governance and internal control quality in state-owned enterprise is weaker than that in non state-owned enterprises. Furthermore, the construction of commercial network chain (external relational governance) could improve the reverse effect of geographical relationship on internal control quality in listed companies. After considering the influence of geographical relationship on corporate governance mechanism, this research focuses on the influence on corporate operation, and analyzes the third research question of whether geographical relationship has any effect on corporate investment behavior. The results indicate that the relationship between chairmen and general managers in state-owned enterprise is closer than that in non state-owned enterprises, especially in locally-administered state enterprises. When the company locates in the same province with chairmen that were born or grew up, their geographical relationship is much closer. There is the negative association between geographical relationship on investment efficiency. The effect is more obvious in state-owned enterprises than in private enterprise, and more notable in central state-owned enterprises than in locally-administered state enterprises. Finally, this study examines how geographical relationship influence corporate stock risk. The analyses suggest that firm stock crash risk is higher when the geographical relationship between chairman and general manager is stronger. Additional test to distinguish macroscopic system environment shows that the positive relationship between executives' geographical relationship and crash risk will be stronger with the region that the legal environment is weaker or the informal cultural tradition is stronger. This research explores the mechanism and finds that, accounting information transparency, company over-investment, and radical taxation are important channels of the relationship mentioned above.

The contribution of this research lies in the fact that, with the combination of Western theory on social network and the special social structure and network form in China, it not only expends the studies of traditional social network on economic behavior, but also offers novel evidence on the effects of geographical relationship caused by differential culture in the situation with Chinese characteristics. The findings highlight new perspective to understand corporate governance, company decision, and firm risk in the emerging markets, and provide realistic suggestions on the selection strategy of corporate management team.

Junli Yu

2018.8

目　　录

第1章　绪论 ………………………………………………………………… 001
 1　选题背景与问题提出 …………………………………………… 003
 2　研究框架与技术方案 …………………………………………… 008
 3　研究创新与不足 ………………………………………………… 013

第2章　文献述评 …………………………………………………………… 016
 1　不同类型的治理差异分析 ……………………………………… 016
 2　公司治理的差序关系分析 ……………………………………… 020
 3　公司治理的地缘关系分析 ……………………………………… 021

第3章　高管地缘关系与薪酬激励 ………………………………………… 027
 1　引言 ……………………………………………………………… 027
 2　理论推导与研究假设 …………………………………………… 029
 3　研究设计 ………………………………………………………… 032
 4　实证检验 ………………………………………………………… 034
 5　小结 ……………………………………………………………… 045

第4章　高管地缘关系与内部控制质量 …………………………………… 047
 1　引言 ……………………………………………………………… 047
 2　理论推导与研究假设 …………………………………………… 049
 3　研究设计 ………………………………………………………… 051

  4 实证检验 ·· 054
  5 小结 ·· 080

第 5 章 高管地缘关系与企业投资效率 ··· 082
  1 引言 ·· 082
  2 理论推导与研究假设 ··· 083
  3 研究设计 ··· 085
  4 实证检验 ··· 088
  5 小结 ·· 097

第 6 章 高管地缘关系与股价崩盘风险 ··· 099
  1 引言 ·· 099
  2 理论推导与研究假设 ··· 101
  3 研究设计 ··· 103
  4 实证检验 ··· 106
  5 小结 ·· 126

第 7 章 结论 ·· 128

参考文献 ·· 130

致 谢 ··· 141

第1章 绪论

随着社会学与经济学交叉融合的深入,治理问题相关研究中一个显著的趋势是,越来越多的考虑个体所处社会网络、文化环境对治理机制、治理功效等的影响。背后的基本逻辑在于,个体不是孤立的存在,而是生活在某一文化环境下的特定社会网络之中,其经济决策不可避免地受到他在网络中所处的位置,以及网络所处的文化环境、历史习俗等社会性因素的影响(Granovetter,1985)。因而在考察治理问题时,就不能单纯从个体的经济动机出发,而需要将其社会属性纳入研究视野。

相较于西方,对中国问题研究而言,社会关系可能更为重要。中国社会向来强调群体概念,《礼记》记载:"大夫以下成群立社,曰置社。"进一步地,社会关系又可以细分为亲缘、地缘等多个维度,费孝通先生在"差序格局"理论指出,"中国乡土社会以宗法群体为本位,人与人之间的关系,是以亲属关系为主轴的网络关系,是一种差序格局"。在这些关系中,地缘关系又是一种极为重要的社会关系。通过亲属、同乡、同学、同事等社会网络建立的信任关系不仅导致一些正常的交易更易发生,还会促进一些特定交易(Coleman,1988)。尤其在法律体系等正式制度不完善的环境下,通过关系网络建立的信任对于保证交易的成功至为重要。费孝通先生将此归纳为差序格局,即由自我出发,按照亲疏远近向外层层扩散的关系安排,这和西方文化强调个人主义的观点存在根本性的差别。从家族结构角度来说,著名的"差序格局"论体现的是家族的横式结构(费孝通,1985)。一个差序格局的社会,是由无数个人关系搭建成的网络。这个网络像个蜘蛛网,有一个中心,就是自己。以"自己"为中心,像石子投入水中,和别人联系成的社会关系像水的波纹一般,一圈圈推出去，愈推愈远，也愈推愈薄。也就是说，愈往外推，关系的紧密程度和信任程度是递减的。因此，我们不妨将中国社会的人际关系理解为，围绕着主干家庭(Stem Family)向外扩展，依据血缘、婚姻、地缘等关系，形成"一圈一圈"的泛家庭网络。因此，虽然在名义上整个大家族都是"自己人"，但这些"自己人"之间的感情浓度是随着"圆圈"与作为中心的自己的距离远近呈现明显的亲疏差别的。也就是说，在差序文化下，任何个人只要进入某一群体，既被群体中的其他个体按照差序格局所对待，也用差序格局下的亲疏关系去衡量，这就造成了中国式公司治理关系契约的隐形化与非等距性(弹性)。

在这些亲疏有别的社会关系之中，地缘关系是一种重要的存在。一方面，它比亲缘关系更加有普遍性，因而在真实经济活动中产生的影响也更为广泛。另一方面，地缘关系又是一种仅次于亲缘关系的重要社会关系。正如费孝通先生在《血缘和地缘》中提出的，"地缘不过是血缘的投影，不分离的。……地域上的靠近可以说是血缘上的亲疏的一种反映……两者合一是社区的原始状态。""地缘作为血缘关系的投影，是血缘亲疏的一种反映。……地缘是从商业里发展出来的社会关系，是契约社会的基础"(费孝通，1998)。中国传统社会结构倾向于人与人之间的依赖关系，而这种依赖关系随着血缘与地缘形成差序格局。例如，山西商号以地缘为主的东伙制，财东、掌柜、伙计、学徒等层次一律为同乡，绝不雇佣外乡人，也不雇佣财东亲戚、宗族子弟，体现了地缘关系在企业经营活动中的重要作用(蔡洪滨等，2008)。基于中国情境的研究中，陈同扬等(2010)用高管团队成员血缘、地缘、学缘和业缘等角色因素的成对吻合程度来代表高管团队一致性水平，通过研究发现，高管团队的一致性与企业绩效正相关，且经济发达地区企业和欠发达地区企业的高管团队关系一致性并没有显著差异。然而，基于发达经济体的相关研究发现，基于这种"关系"产生的信任容易造成管理层的合谋行为，增加盈余管理行为，降低监督效率，导致较差的市场业绩(Hwang和Kim，2009)。Fracassi和Tate(2012)发现，CEO与公司董事之间的社会关联会导致较弱的董事会监督和较差的市场业绩，公司CEO更有可能会增加那些以前与CEO有网络连带的人为公司新任董事。可见，高管地缘关系带来的影响可能具有两面性，但就现有文献来看相关研究尚不充分，对地缘关系，特别是中国社会结构下，对公司治理、企业行为、资本市场的作用等还应该有更为细致、具体的研究,这也是本研究的立意所在。

1 选题背景与问题提出

经济学研究的起点在于人的基本假定,诸如:斯密的"经济人假定"、塔克的"政治人假定"以及卡勒曼的"情绪人假定"。然而,正如市场环境下,追求经济利益最大化;而政治环境下,则追求政治利益最大化,各人的效用函数自然也非经济效用所能等同。Zingales(2015)在文化经济学领域掀起了一股"文化"之风,印证了人之各类惯性之形成绝非偶然,而更可能是文化传统的映射。那么文化会是内生的吗?中西方文化究竟是同质抑或异质?我们应当用怎样的方式将这些文化遗产转化为足以支持现代经济全球化的文化资源。

过去数余年,得益于 Jensen、Meckling、Grossman、Hart、Fama、Shleifer、Morck、Rajan、Zingales、Murphy 等学者的贡献,基于盎格鲁—撒克逊文化土壤的西方公司治理理论得到了空前的发展。过去二十多年来,国内一大批学者亦辛勤探索,努力不倦,公司治理研究在中国落地生根,无论在理论探索,还是在实践运用,均产生了丰富成果。但是,追根溯源,国内大部分现有成果的理论根源仍不自觉地深陷于西方文化的土壤之中,无论是基础理论,还是分析框架,都沿用着西方的范式。人类社会的构成有其共通之处,西方式的公司治理理论中也有其放之四海皆准的共性。然而文化道统的差异也会造成最基本的社会结构、道德伦理、社会规范及关系的极大差异,从而导致西方式公司治理理论在解释中华文化下的公司治理实践时,存在难以逾越的障碍,也无法很好地指导中国公司治理实践。对公司治理研究而言,以自信的态度将中国公司治理的研究重返其文化土壤,以自信的态度构建符合中国实际、具有中国特色、演绎中国气象的公司治理理论,既是现有研究的突破之处,也是必由之路。正如习近平总书记在"四个自信"中指出,文化自信是实现中华复兴的驱动力之一,来源于五千多年文明发展中孕育的中华优秀传统文化,是实现中国梦的"加速度",弘扬中国精神的"源动力",凝聚中国力量的"向心力",坚持中国道路的"稳定力"。中华文化虽经历了社会潮流变迁和现代思潮涤荡,依旧呈现了其悠久而勃发的生命力,差序文化作为中华文化的重要体现,将静水流深般地影响着中国公司治理实践。

在既有研究中,文化对公司治理的影响已经受到一定程度的重视,并在学界成为一个重要的研究领域。发展经济学将文化、制度和地理作为一国经济发展的三个最为重要的解释变量。在新制度经济学分析框架中,文化(或社会习俗)被视作最为基础的制度变量,决定了其他的政治、法律和治理结构等显性制度。针对中国文化,很多学者都不约而同地将文化视为影响经济、组织、个体最为重要的特征之一。福山认为在现代经济中,文化,尤其是道德文化已然成为一种社会资本,譬如作为一种社会美德的"信任"或"信任度",就已经成为现代经济生活中一种具有重大意义或价值的社会资本。文化人类学认为,一种经济模式的形成必须来源于一个民族的文化特质。中华文化是世界上为数不多的几种原生性文化之一,因此具有文化本源的意义。但是,中华文化博大精深,典籍浩如烟海,限于水平和人力,其对中国公司治理的影响,一时无法全面地进行考察,而只能选择其中某一点进行展开。从这一意义上而言,本研究尚属首次,并由此解释文化、法制情景下差序关系对家族、企业、社会的潜移默化作用。

国内外研究强调中国特色在于政治、国家主导和国企的生态环境,而西方则主要是法制、市场主导和私企的生态环境,继而衍生了一系列差异化的研究问题(如政治联系、行政体系、腐败、掏空与支持等)。然而,Fan、Lang 等学者在研究公司治理时强调了东亚(含中国)家族企业作用。家族企业概念自 Lansberg 等(1988)提出以来经历了一场范式革命。在现实中,家族所有或家族控制企业在所有上市企业中占到近 90%(Aldrich 和 Cliff,2003),在世界 500 强的企业中,家族企业也普遍存在(Anderson 和 Reeb,2003;Claessen 等,2002;Faccio 和 Lang,2002;La Porta 等,1999)。在外部法律制度供给不足的情况下,即使在家族成员能力不及同级别职业经理人的时候,企业还是会选择由家族成员掌握控制权(Burkart 等,2003)。家族企业因此成为较差的正式法律制度的替代性制度(Holmen 和 Hogfeldt,2004)。Fisman(2001)发现在腐败较严重的国家,家族企业通过联姻等亲缘纽带很容易建立起与政治势力的社会关系(Morck 和 Yeung,2004)。中国家族或企业主控制的民营企业发展迅猛,福布斯 2015 年中国家族企业调查报告显示 1 485 家 A 股上市民营企业,家族企业数量占比 50.3%,成为民营资本中重要群体。

Economist关于中国独角兽企业（Baidu、Alibaba、Tencent、Huawei等浙晋粤商帮）报道，发现中国民营企业拥有顽强生命力、超乎寻常的体量和儒家与历史结合商业精神，民营企业不俗的表现，加之家族企业第二代传承浪潮的兴起，公司治理问题将再次令人振奋！虽然家族企业代理成本较低，然而其代际传承的价值损毁却是极其巨大的。范博宏和罗绮萍（2009）发现继承过程中家族企业财富约有60%市值蒸发，打造一套持久的企业治理模式，是企业经营成败的关键。因此，家族企业基业若要常青必须做到关系有序、传承有序，这就使得建立良好的家族伦理尤为重要。

家族企业基业长青的关键因素何在？差异关系在家族企业治理中发挥了何种作用？是一个值得关注的焦点问题。范博宏（2012）提出了"西方的家族治理工具能适用于中国的家族吗？"这一疑问，他认为西方家族治理并没有在华人家族中被广泛采用，主要原因是中国人传统的家族治理是家长制的垂直权威管理。西方强调个人权利与平等，家族决定（议）主要以投票形式在家族合议中形成；中国儒家文化传统不同于西方，大家长通过家族赋予的权威来调解家族内部纠纷。在西方，罗斯菲尔德家族、福特家族、菲亚特家族乃至丰田家族等一系列商业家族，由于外部制度保护和内部财富集中，即使没有严格的家族治理也可以保证家族企业基业长青。然而在中国，商业世家、科举世家、功勋世家等家族可以发展延绵，差序文化是其关键因素之一。因此，研究中国家族企业是否受到家族因素影响则不可避免应对差序格局制度进行深入研究。

中国家族企业研究是在家族企业迅猛发展的经济条件下兴起的，虽然引发了学术圈广泛的关注和思考，但尚未形成一股研究热潮，且近些年来有降温趋势（见图1-1）。魏志华等（2013）借鉴国外家族企业研究综述，结合文献计量分析方法，发现与国外研究相比，国内研究尚存在着主题相似、研究方法单一和跨学科研究少见等特点（见图1-2）。中国家族企业治理乡土研究由此陷入了一种"瓶颈"。

正如在既有研究中，文化对公司治理的影响在研究中已经受到一定程度的重视，并在学界成为一个重要的研究领域。发展经济学将文化、制度和地理作为一国经济发展的三个最为重要的解释变量。在Williamson（2000）新制度经济学分析框

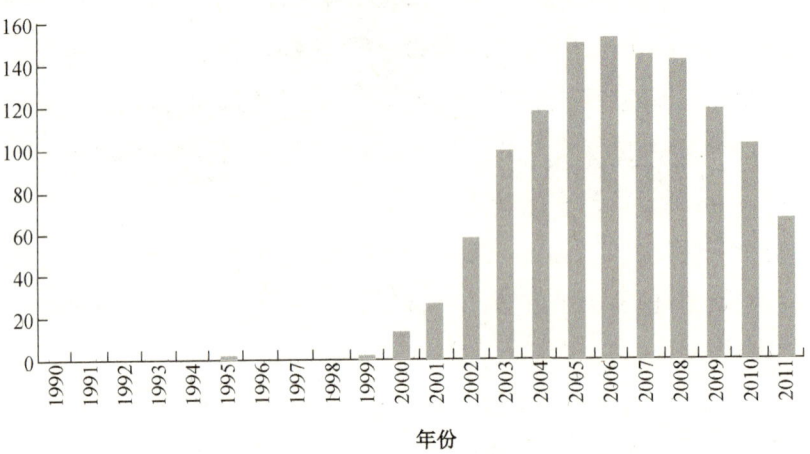

图 1-1 中国家族企业研究文献年度发表数量

		国外	国内
研究实践差异	研究视角	以商业学和管理学为主要研究视角,但跨学科的研究也占据了一定的比重。	几乎都以管理学和经济学为研究视角,鲜有基于其他学科视角的家族企业研究。
	研究方法	以实证研究为主,而且实证研究被引用的频率更高。	仍以规范研究为主,而且得到了较高的引用,但近年来实证研究有逐渐增长趋势。
	研究主题	从研究主题和高被引文献来看,国外学者主要关注"公司治理与代理问题""企业绩效""代际传承"以及"产权与控制"等主题。	除了关注国外的关键研究主题,也关注"家族企业成长与发展"以及"家族企业管理与对策分析"等契合中国制度和现实背景的主题。
	研究学者	出现了一批世界知名的家族企业研究学者,跨国以及跨校的团队合作较为普遍。	出现了一些国内知名的家族企业研究学者,但研究方式仍以高校内部小团队合作为主。
	研究机构	研究机构遍布各地,拥有大量从事家族企业研究的学术机构(如家族企业研究中心)。	从事家族企业研究的学术机构主要集中在部分高校,尤其是家族企业较活跃地区的高校。

图 1-2 国内外家族企业研究的比较分析

资料来源:魏志华、林亚清、吴育辉、李常青.家族企业研究:一个文献计量分析,《经济学季刊》2013.10

架中,文化(或社会习俗)被视作最为基础的制度变量,决定了其他的政治、法律和治理结构等显性制度。针对中国文化,很多学者都不约而同地将文化视为影响经济、组织、个体最为重要的特征之一。福山认为在现代经济中,文化尤其是道德文化已然成为一种社会资本,譬如作为一种社会美德的"信任"或"信任度",就已经成为现代经济生活中一种具有重大意义或价值的社会资本。文化人类学认为,一种经济模式的形成必须来源于一个民族的文化特质。中华文化是世界上为数不多的几种原生性文化之一,因此具有文化本源的意义。但是,到目前为止,在公司治理研究领域,提出并系统性地以中华差序文化为切入点来研究公司治理问题,本研究尚属首次,并由此解释文化、法制情景下差序关系对家族、企业、社会潜移默化作用。企业源自一系列契约约束集,公司治理在一定程度梳理与稳固了企业各类约束。以往文献大多从公司治理机制结构、公司治理效果等维度嵌入研究,理论分析大多混合了非正式制度的文化和正式制度的法制双重效应。本项目初衷在于提炼出符合东方(中国)特色乡土研究中的企业差序关系之地缘文化。我们的理解是中华文化下的差序关系是一种天然的、社会的价值观,不只是一种工具,政府、市场、关系也不是简单的互补或替代,而是外部条件或约束。

本研究在已有的科学理论和研究成果基础上,结合专题内容,重点研究以下问题:

(1) 探寻地缘关系如何进入公司治理的内在机理。已有研究大多关注于企业特征、制度环境、区位禀赋等,而对于进入企业的成员特征也主要集中于教育、经历等指标,缺乏相关研究发现企业是如何在大量可选成员中挑选共事者?差序关系可能是一个需要重点考虑的因素,这一问题需要在研究中予以推敲和验证。落实到地缘关系,由于上市公司高管人数众多,相关信息较为隐晦,因此地缘关系数据收集也是难度最大的,属于现状方面的关键探索性问题。

(2) 如何梳理公司治理机制中差序关系与其他影响因素的逻辑链条。与其他公司治理影响因素相比,差序关系属于社会学范畴,嵌入这一因素后,存在社会学、经济学、会计学等多种学科、理论来源,因素间不免出现"何为根本、何为因何为果"的争论,不同学科可能会产生冲突,梳理好逻辑链条,在实证检验过程中需要一定的研究设计予以缓解,保持分析框架一致性,防止对研究逻辑及结论造成一定的冲击,这是本研究实证方面的重要技术问题。

(3) 公司治理中的差序关系距离导致的机制选择差异和关系型契约弹性在实

践层面上如何影响公司治理的行为后果。在选择投融资行为、会计信息、激励监督等问题上如何影响关系型契约的设计与执行,不同特征企业选择是不一致的,这些企业的特征边界是怎么样,市场与关系哪个更适合中国现实情境,属于效果方面的核心理论问题。

2 研究框架与技术方案

2.1 研究框架

作为跨学科的交叉前沿研究,我们从中国重大理论问题与现实需求出发,围绕嵌入在中华文化中的公司治理现状,沿着"差序文化—公司治理—行为后果"这一脉络展开,以理论创新与应用探讨为体,以案例研究、实地调研与大样本研究为翼,坚持人文主义精神与科学研究方法的融合,以得出符合中国公司治理实践的具有基础性、前沿性、原创性的重要研究成果。不仅是简单地构建数据库、通过数据分析得到相关结论,而是通过对中华差序文化深刻理解和现实挖掘,以实现以下目标:①解释中国经济、社会、政治发展背景下公司治理中深层次根源之差序格局(关系)的辐射效应;②研究差序文化如何在社会、企业与个体的知行合一下对公司治理关系型契约的传导路径;③为制度优化和文化传承创新以促进社会可持续发展提供决策参考和研究启示。最终目标希望研究成果能有助于国家、社会、企业、个体资源的最优配置和价值升华。

为了达成这些目标,我们从企业的契约本质出发,首先考虑的问题是,在一个强调关系的熟人社会中,聘请一个具有地缘关系的高管会给契约带来怎样的直接影响。具体来说,我们选择了薪酬契约作为这一问题的切入点。这是因为,考虑到地缘关系是高管的自身属性,而薪酬契约又和高管的经济利益直接相关,如果高管的地缘关系会对作为契约集合的企业有所影响,薪酬契约可能是首当其冲的存在。对此,理论上有两种观点,一种观点认为社会关系是外部约束(如良好的法制环境)的替代机制,社会关系本身可能会提供激励,并降低缔约双方的信息不对称,从而增进治理效率(王永钦,2005)。但也有观点认为,在薪酬契约中引入社会关系并不能带来治理效率的提高,反而会带来董事会监督效力的下降,我们将之称为"削弱假说"(Core等,1999;Hwang和Kim,2009)。于是,我们对这一问题进行了实证检验。需要强调的是,我们对地缘关系的实证衡量不仅采取了是否为同一地区这一虚拟变量,还采用了董事长和总经理出生地之间地理距离这一连续变量,突破了现有对社会关系研究中衡量方法的单一性。

解决上述问题之后,我们将眼光聚焦于治理机制的另一重要方面——内部控制。近年来,随着美国实践中对内部控制的强调,以及财政部对中国内部控制建设的重视,内部控制已经成为一项保障信息披露质量,降低信息不对称,减少公司重大风险的重要治理机制(杨雄胜,2010)。换句话说,如果将公司视为一组契约,内部控制可能是契约执行的一项重要保障机制。从内部控制理论和实践上看,高管对内部控制的态度,又是这一项重要保障机制的基础。对于具有地缘关系的高管来说,其存在是促进还是阻碍了内部控制建设,是削弱还是加强了内部控制的作用就显得尤为重要。于是,我们针对高管地缘关系和企业内部控制做了实证检验。

以上研究更多的是关注于治理机制,我们同样感兴趣的是,高管地缘关系的这种影响,会不会传递到公司行为,从而产生经济后果。其中浅白的逻辑是,如果没有经济意义上的重要性,那么即使在理论和实证层面得出地缘关系影响治理机制,这种影响对公司而言可能也是微小,或者至少说不是首位的。在众多的公司行为中,投资行为可能是公司最为重要的行为之一。一方面,地缘关系对治理机制的影响可能传递到企业投资行为,如地缘关系可能带来代理问题,而代理问题又会影响到投资行为。另一方面,优秀的团队需要富于不带情感的思想撞击,而在地缘相近的高管团队可能会受制于相同的价值观和行为模式,导致投资决策受到这种价值观和行为模式的束缚更为严重,最终导致投资低效率。因此,我们将高管地缘关系和企业投资效率相联系,实证检验了上述基本假设。

最后,地缘关系带来的一系列影响是否会传递至资本市场也是我们关心的问题。由于信息不对称的存在,作为内部人的高管所具有的地缘关系及其一系列影响,是否会被投资者所识别,并及时产生反应,或是投资者无法识别其中蕴含的风险,导致公司股票风险积聚,最终导致股价崩盘,损害投资者利益,是我们关心的内容,也是增强对地缘关系认识的重要一环。因此,我们在研究的最后,以股价崩盘风险作为切入点,整体上检验了地缘关系对外部投资者的影响。

相应的研究内容框架如图1-3所示。

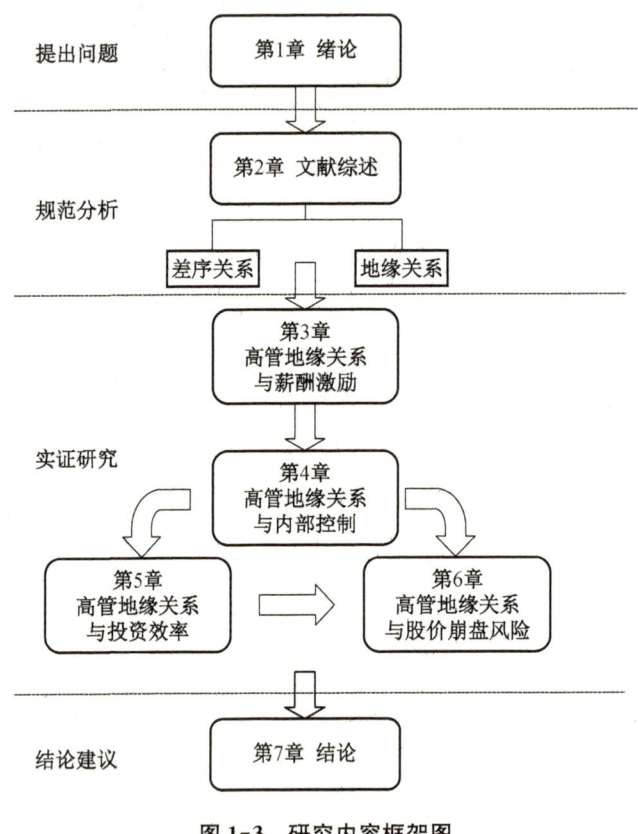

图1-3 研究内容框架图

2.2 技术方案

2.2.1 研究方法

1) 数据搜集

数据搜集包括差序关系数据和公司治理数据。差序关系数据包括血亲缘宗法关系和地缘同乡关系。通过招股说明书、股权变动公告、董事会、监事会、高级管理人员(以下简称董监高)等信息披露,结合纸质、网络媒介信息(中国重要报纸全文数据库、GOOGLE、BAIDU、SINA 等搜索引擎、新闻门户网站、博客论坛资源),南京大学、上海交通大学、香港中文大学等高校 MBA 课程问卷和实地调研,不足部分通过政府部门特殊途径(公安户籍信息等)进行补充,根据搜集的成员、同乡信息使用文本分析方法整理完成;公司治理数据:依托 CSMAR、CCER、Wind 和专业数据提供商获取。

2) 关键变量度量

地缘关系变量:主要根据上市公司年报披露的高管信息手工收集整理而得,通过两个维度来刻画地缘以衡量成员与家族企业创始人内部文化、理念的异质性程度,包括同乡关系(Country)、地理距离(Geodist)即通过 Google Earth 取得出生地经纬度信息计算所得的百公里负数,使得与同乡关系度量地缘关系保持方向一致。

儒家文化变量:参考 Kung 和 Ma(2014)文献方法,从《中国地方志集成》各省、府、县志中,摘取文庙(孔庙、忠贤阁)、学校(府学、县学、书院)、祠堂(名人祠、宗祠)、忠孝、烈女、进士数量,以及进士与宗祠姓氏,构建家族企业所在地及创始人儒家文化指标。同时借助上海图书馆家族族谱数据,作为辅助信息(见图 1-4)。

文化测度总是和经济效果相联系(Knack 和 Keefer,1997),缺陷在于内生性问题(反向因果和遗失变量),回归无法稳健地估计文化与治理之间的因果效应。Tabellini(2010)构建了地区文化变量,运用固定效应捕获遗失的文化差异。Gorodnichenko 等(2013)、Guiso 等(2009)、Alesina 等(2013)大多采用工具变量方法。语言(方言)或许是一种不错的工具变量,它从远古演进中的随机而来,但对当前结果没有直接影响,且创新成本高昂,导致语言具有惰性(潘越、戴亦一,2016)。

市场法制变量:以樊纲等编制的"市场中介组织和法律制度环境指数"衡量为主,以《中国统计年鉴》"地区财政支出"中的"公检法司支出"构造司法投入水平变量和"贪污犯罪立案数"构造司法执行水平变量为辅。

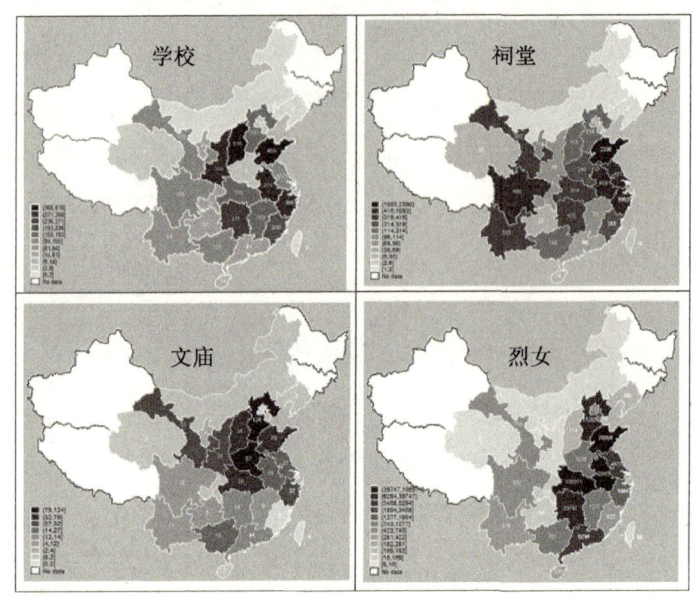

图 1-4　儒家文化地区分布程度

3) 实证方法

针对差序关系采集和度量,借鉴《礼记》《乡土中国》等文化典籍和"新政治史家"Benson、Bogue、McCormick 量化史学方法,通过资料数字化编码,针对差序关系距离,借助准自然实验,采用倍差法(PSM-DID),可能带来的影响仍有不同。根据实际研究问题和假设,借鉴公司治理研究的相关成果,综合采用事件研究法、多种回归模型和计量方法(OLS、TSLS、RDD 等)进行实证检验。

2.2.2　技术路线

根据研究目标、研究内容、关键问题和研究方法,我们构建了如下研究技术路线,如图 1-5 所示。

我们通过制度背景分析和文献综述,明确概念和方法,建立理论模型和提出关键问题,在此基础上分解研究内容和假设,借助实地调研和问卷调查等手段,辅助以案例研究验证所要讨论的问题,采取事件研究和大样本分析进行统计检验,综合分析并得出结论与建议。

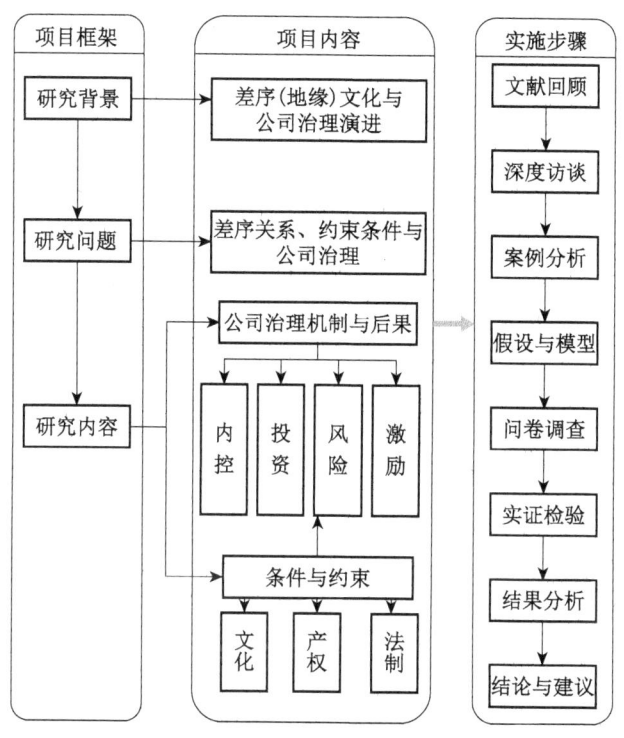

图 1-5 研究技术路线

3 研究创新与不足

3.1 研究创新

本研究定位于挖掘地缘差序关系视角下公司治理机制安排的中国特色,解释文化、市场等情景下地缘关系对个体、企业、社会潜移默化的作用,可能的创新与贡献如下:

(1)从理论基础看,该研究是一个多学科交叉的研究项目,综合运用社会学理论、公司治理理论、产权理论以及统计方法等多学科前沿成果,对一个融合社会、企业、个体于一身的公司治理问题进行系统分析。

在传统企业研究问题基础上嵌入社会学(差序格局:地缘关系)分析,拓宽了企业治理的研究范围;结合新兴市场环境下的制度特征,构建三者之间相互关系新的分析性框架;回答了关系治理是基于正式制度还是非正式制度争议,增进了对中国企业公司治理相关理论理解,体现了问题理论价值和创新。

(2)从研究内容看,该研究是国内较早明确从高管地缘关系视角研究公司治理结构的研究项目。本研究将"差序文化—高管选任—公司治理"这一逻辑链条整合凝练,得出差序关系在公司治理中的 First-Order,对"企业隐性之手"与"企业差序(亲缘、地缘)关系"等研究也具有增量价值和研究启示。

现有研究大多立足于公司治理结构(成员参与既定的前提)进行探讨,而鲜有如何在企业内外部挑选共事成员的研究。对于探寻公司成员如何进入企业治理的内在机理? 现有研究又多从社会学亲缘关系入手,地缘老乡关系可能是一个中国传统文化特色中需要重点考虑的因素,其界定与度量更加符合中国社会现实,对于推进企业公司治理研究具有一定的创新。

(3)从研究场景看,经济发展、企业创立的核心初始资源源于资本、人力、技术等,而企业发展的外部因素和条件在改革开放前被不同程度破坏:社会主义改造使得民间原始资本和私有产权消亡;"文化大革命"使得社会身份、精英沦落,户籍制度限制劳动力自由流动;计划经济意识形态造成融资停滞、市场萎缩、供需失调;产权保护和法律制定与执行尚不完善。这些使得改革开放后的企业发展离不开家族模式、乡镇经济、熟人社会。政治、环境、制度等因素随着时间推移遭受一定的冲击,然而文化、习俗作为第一层次的因素,其演进和变迁比较漫长,较少受改革开放前一系列社会变迁影响,差序关系使得人力资源得以积聚,继而壮大企业,因此这一研究场景是其他国家不存在的。

3.2 研究不足

囿于数据限制,我们仍有一些不足之处。首先,对一些问题度量的主观性。由于高管个人资料有限,有些需要根据推断来确定,尤其是在确定出生或成长地时,而且高管资料的准确性依赖于公开数据的准确性,导致数据质量有待进一步完善,样本选择偏差有待未来进一步检验完善。其次,我们对于高管层地缘的研究只局限于董事长与总经理之间,实际上高管层的外延非常丰富,未来可以扩展研究边界,例如,更多职位高管之间的地缘或者其他职位的成对关系,抑或对其他企业行为的影响等。在未来的研究中,将研究领域进一步拓展至差序文化的其他方面对公司治理与公司金融以及产品市场、资本市场的影响,并可进一步研究高管地缘关系对企业融资及股利分配行为、公司违规行为的影响,以及对公司并购、风险承担、企业创新、社会责任等领域加以进一步研究,亦可进一步上溯至大股东之间,以及大股东与董事会之间的地缘关系及差序文化格局如何影响公司治理与公司财务行为。

第 2 章 文献述评

1 不同类型的治理差异分析

1.1 家族与非家族企业治理的差异分析

家族企业与非家族企业相比,第一类委托代理问题并不严重。Demsetz 和 Lehn(1985)认为,家族企业中所有者具有监督经理人的能力,而且家族参与经营降低了其与经理人的信息不对称,因而面临的第一类代理冲突较小。Burkart 等(2003)也认为家族企业有动机也有能力对经营者进行有效监督,因而可以抑制 CEO(总经理)的机会主义行为。由于家族企业中经理人和大股东之间的信息不对称程度较低,对经理人的评价并不完全依赖于财务信息。许静静和吕长江(2011)发现家族成员出任高管大大减轻企业的第一层代理问题,进而提高了公司的盈余质量。陈德球等(2013)从不同的 CEO 来源角度为之提供了经验证据,发现职业经理人担任 CEO 的家族企业代理问题较低。Bach 和 Serrano-Velarde(2015)研究发现,家族企业创始人离任后,当企业采用由家族成员继任 CEO 的治理方式时,企业员工流失率更低且索取的薪资水平也更低,从而证明家族治理能够提高企业与员工之间的互信,从而降低了双方的交易成本。

家族企业与非家族企业相比,可能面临较为激烈的第二类代理冲突,而国内外学者对家族企业加深大小股东之间代理冲突的解释,主要可归结为三个方面。第一,融资约束使个人或家族大多采用金字塔结构的方式以较少的投资控制较多的股份(李增泉等,2008)。苏启林和朱文(2003)研究发现,在股权集中度、金字塔式控股、控制权与现金流权偏离等方面民营上市公司存在着代理冲突。邓建平和曾勇(2005)的研究表明当控制性家族拥有现金流量权越高时,其非理性分红的欲望越强,公司倾向于高比例发放股利。第二,家族企业组织模式便利了企业通过关联交易等方式向家族持股比例较高的公司输送利益,加大了家族控股股东侵害中小股东权益的概率和程度(Bertrand 等,2008;邵军、刘志远,2008)。家族企业治理通常伴随控制权和所有权分离,在保护投资者法律体系不够完善时,控制性家族具有掏空上市公司,侵占其他中小股东利益的动机和条件。魏明海等(2013)研究发现家族关联大股东持股越多、在董事会或董监高中所占席位的比例越大,家族企业关联交易行为越严重,为家族股东侵占中小投资者利益提供了更强烈的动机和更大的操作空间。此外,申明浩(2008)分析民营上市公司也存在"隧道行为",且资本家家族企业的"隧道行为"动机和强度远远高于企业家家族企业。第三,由于董事会独立性较差且为家族控制主导(Anderson 和 Reeb,2003;Anderson 和 Reeb,2004),家族企业可能降低财务报告质量、滞后坏消息披露等,形成壕沟效应和掩饰控股股东利己行为。由于家族拥有企业绝对控制权,其既有动机也有能力侵占外部小股东利益(Fama 和 Jensen,1983;Morck 等,1988;Shleifer 和 Vishny,1997),而为了维持和掩饰其对小股东利益的侵占行为,有动机也有能力操纵会计信息从而降低其质量。Anderson 和 Reeb(2004)的研究中,董事会家族成员比例越高企业价值越低的发现,间接证明了家族通过控制董事会侵占公司利益的观点;Anderson 等(2009)发现,无论是创始人或者其后裔控制的家族企业都表现出更高的不透明性,且公司越不透明,公司价值越低。由于透明度越低,控股股东掏空公司被发现的概率越低,该发现可以解读为控股股东通过降低公司的透明度,实施了对公司利益侵占行为。这些证据直接支持了家族企业中存在更为严重的第二类委托代理问题。

此外,家族企业还存在广泛的利他主义倾向。Schulze 等(2001)认为利他主义是家族企业区别于其他企业的重要特征,利他主义使得家族企业的代理问题从本质上区别于其他企业。贺小刚等(2010)以利他主义为切入点,根据利他水平的不同构建了不同类型的家族成员的组合模式,发现利他水平最高的组合模式内部的冲突与代理问题最低,能够创造最优的治理效率,而利他水平最低的组合模式治理效率最低。王明琳等(2014)利用差序格局构建了家族企业中利他主义水平的衡量指标,其实证结果发现利他主义可以降低代理成本。魏春燕和陈磊(2015)研究家族企业 CEO 更换过程中的利他主义行为,发现家族企业离任 CEO 在离任前通过多计提减值准备的方式为继任 CEO 制造"秘密储备";进一步研究表明家族成员内部权力交接时,离任 CEO 的利他主义行为最为明显。

不难发现,家族企业治理文献从家族视角出发主要解决的是企业是否由家族所控制的问题,其研究重心在于揭示家族控制企业和非家族控制企业在公司治理行为中的异同之处。其分析框架依然围绕西方式的委托代理框架进行,重点讨论家族控制之下,第一类代理问题的削弱和第二类代理问题的加重,以及随之带来的正负两方面的治理效率和信息质量。显然,这类研究一方面将视角聚焦于控制人是否具有家族属性问题上,从而丰富了公司治理研究的范围,也突出了家族企业的研究价值,对于家族问题有开创性的贡献。但是,也应该注意到,这类研究可能存在的缺陷是,往往以是否是家族企业为分界线展开,将家族企业视为一个整体,强调其共性,而忽视了家族企业内部情感渊源、结构差异、权力安排等所带来的治理行为差异。后继研究注意到了这一缺陷,并逐步打开家族内部这一"黑箱",试图从亲缘关系远近入手予以拓展。

1.2 家族企业治理的关系分析

部分学者开始跳出单纯研究家族企业共性特征,而是从亲缘关系概念出发,试图突出家族企业的个性(不同亲缘关系特征)对公司治理行为的影响。国内外学者对家族企业家族(亲缘)关系治理效率研究可归结为两个方面:一方面,家族(亲缘)关系依赖于创始人个体特质:创始人权威和专有资产。李新春等(2006)分析了公司治理和企业家精神的内在逻辑,激励机制对企业家精神具有显著正向促进作用。创始人超凡的经营管理才能使得家族企业可以进行长期投资(Davis 等,1997;Berrone 等,2010)。贺小刚和连燕玲(2009)实证检验家族权威与家族上市公司价值之间存在显著的非线性关系,过于强化或削弱家族权威不利于价值创造;家族成员股东身份权威在管理权威配置下将发挥更强的作用,这两种权威的背离不利于提高家族上市公司价值。连燕玲等(2011)考察了家族权威配置对公司治理效率的影响,他们将权威分解为所有权带来的权威和经营权带来的权威,家族成员在配置资产所有权时偏好"亲缘至上"的原则,而在配置资产管理权时则更偏好"能力至上"的原则,这一结果说明了家族企业权威配置和能力相匹配问题对公司治理带来的影响。

而另一部分研究聚焦于家族(亲缘)关系功效:成员组合和亲缘程度。贺小刚等(2010)实证检验了三类家族成员组合模式的治理功效,研究结论表明:①核心家庭成员内部冲突与代理问题最低,远亲家族成员内部与复合家族成员内部存在显著的矛盾与代理问题。②家族成员采取一致性的监督管理者或侵占其他非家族股东利益的行为,主要体现在核心家族成员内部以及复合家族成员组合中,而远亲家族成员很难采取一致性的决策行为。赵宜一和吕长江(2015)实证检验了不同亲缘关系家族成员担任CEO的薪酬契约差异,亲缘程度近远依次为:夫妻、父母子女、兄弟姐妹、女婿及其他远亲,研究结论表明:亲缘程度越近,会计业绩越好,薪酬契约的需求越低,亲缘自身实现了有效激励。

以上研究多数集中在创始人自身特质和所面对的家族关系。这类研究打开了家族"黑箱",深入到家族内部差异层面,探讨其对公司治理行为的影响,将家族企业相关研究往纵深方向进行了拓展。但这类研究也可能有局限性,例如,一是,以创始人为出发点的相关研究过去强调个体特征的作用,既忽视了家族内部关系对个体作用的影响,也和一般意义上讨论企业创始人的文献差异不大。二是,从亲缘关系入手的研究,大多简单地将亲缘关系线性化,讨论亲缘有无、远近对公司治理的影响。实际上,亲缘关系不仅仅包括有无、远近,而是遵从于一定的社会习俗和伦理规范。单纯地强调有无、远近可能无法揭示亲缘关系背后真正起作用的力量之所在,因此,从对于亲缘关系中个体行为有着较强指导性的差序关系入手,可能更好解释家族企业内部关系对公司治理行为的影响。从这一角度来说,差序关系对拓展已有文献仍存在增量贡献。

2 公司治理的差序关系分析

Morck(2004)根据各国家族企业沿革历史证据表明正式制度与家族治理关系并非像相关文献表明的那样清晰。不少学者意识到文化在中国扮演的重要角色，并认为其可能是中国一些特殊经济现象的成因。Allen 等(2005)发现，虽然中国法律制度和金融体系均十分落后，但其仍然是当今经济增长最快的国家之一，认为在儒家文化占主导地位的中国，声誉和关系成为重要的替代治理机制。类似地，Licht 等(2005)也指出，在受儒家文化影响的东亚社会里已经发展出一套不依赖于正式法律制度的社会规范，并在经济发展中起着重要作用。相关研究开始注意到宗法关系在家族中的重要性。韦伯在《儒教与道教》中描述和界定了传统中国宗法关系，和西方"普世主义"思想不同，宗法关系不是一个固定的概念，而是富有伸缩性，涉及对象的大小，是根据中心"己"的势力的大小而定。钱穆(1996)指出："一个大门第，决非全赖于外在之权势与财力，而能保泰持盈达于数百年之久；更非清虚与奢汰所能使闺门雍睦，子弟循谨，维持此门户于不衰。"宗法关系表现在家族中的血缘关系上，对家族资本的占有与网络能力发挥也都取决于家族血缘关系。

中国社会是以家庭为中心，产权制度一方面是根源于家庭的血缘关系，另一方面也从制度上强化家庭地位和作用。产权模糊不清、家族财产非竞争性、非排他性使得家族财产在家族成员内成为一种公共品制约经济的增长。缺乏家庭内部或外部关系与互动的个人可能会被社会排斥，尤其是在经济贫困的境况下恶化这种关系(Sirovátka 和 Mare,2006)。陈凌和应丽芬(2003)考察发现，中国当前家族企业由于受社会环境、企业成长阶段、企业背景、企业规模以及产业特点和性质等因素的多重影响而会呈现出多样性结果，其中"子承父业"模式仍然是主流继任模式。Bertrand 和 Schoar(2006)从家族文化角度出发，认为创始人选择其后代而非职业经理人来经营企业，并非出于企业价值最大化需求，而是为了实现家族效用的最大化。家族联系裙带风的论点受到中国学者广泛驳斥，古志辉(2015)运用 2002—2012 年沪深两市上市公司的数据，研究发现儒家伦理可以降低代理成本，提高代理效率,但是公司参与国际市场竞争削弱了儒家伦理的边际贡献。杨玉龙等(2014)从差序格局视角探讨中国企业业绩评价系统,认为企业组织呈现差序格局是对外部缺乏正式制度而做出的适应性安排,业绩评价不依赖于财务信息,部分解释了中国家族企业权力设置中依赖差序关系出现的任人唯亲现象。

总体而言,差序关系作为天生的、社会的价值观,不是一种工具,而文化和法制对其也不是简单的互补或替代、加强或削弱关系,是一种外部的前提条件或约束集合。差序关系在不同文化和法制环境体现其不同的展现方式。内部成员参与使得家族企业公司治理问题同时遵循了家族伦理和企业伦理两种规范。其中家族伦理又体现在亲缘关系及其背后所依赖的宗法关系伦理,而企业伦理又嵌入地缘关系更具有现代气息。因此,虽然家族企业治理及其关系研究成果已经相当丰富,然而未从差序关系的视角进行验证和突破,继而寻找家族企业基业长青的关键因素。从差序关系入手研究家族企业,不仅可以进一步打开家族内部的"黑箱",更好地展现家族中个体与个体之间差序伦理关系对公司治理结构的影响,更可以体现儒家文化传统对于现代公司治理的独特影响,这也是具有东方中国特色的乡土研究,为我们的研究提供了机会。

3 公司治理的地缘关系分析

地缘是指由人所处的地理位置上的联系所形成的关系。地缘经济学理论表明,在一个国家内相邻地区间的经济发展不是孤立的,通过相互影响形成竞争性或者互补性地缘关系。实际上,地区间的很多影响因素是人为可控的,因此有必要对当地所处的地缘环境进行客观评价,借此制定出合理政策,减少损害、扩大受益。在中国,受历史传承信念和价值观影响,关系文化深深地植根于人的心理结构之中并条件反射般地支配着他们的行为。由地缘关系而形成的组织化是"中国社会的一大特色"(Goodman等,2004)。

3.1 高管地缘关系与薪酬激励

近几十年亚太国家高速发展,许多学者将其归因于深受知识、节俭、勤奋的儒家文化影响。而关系作为一种文化,对企业的经营与成长有着重要影响。Yeung和Tung(1996)发现在儒家社会想要建立世界级的组织就要先建立世界范围的密集关系网络。Tsui和Farh(1997)发现想要准确了解中国社会中的人口特征和彼此间的相似性,必须将人口统计学与关系结合起来形成更综合的视角。Farh等(1998)运用中国数据进一步发现"关系"比人口统计特征更与信任相关。尽管法律制度日趋完善,但仍不能取代企业对关系的依赖,这部分源于关系经常能为企业带来好处。Park和Luo(2001)发现,关系可以帮助公司扩展市场,获取竞争性地位从而提高业绩。管理者的外部人际关系也能帮助改善组织表现,如杜兴强等(2009)发现公司拥有的代表委员类政治联系会提高公司业绩。关系形成也受到企业外生因素影响,管理者需要视情况改变其人际网络结构和强度以满足组织的需求。Lou(2003)认为当不确定性、监管与竞争增加,产能利用率下降时,管理者关系网络随之得到增长。对于一个特定企业,产业动态和管理者人际网之间的联系易受激进战略而改变。也有学者从制度方面研究关系成因,如Xin和Pearce(1996)发现在法律欠发达地区,集体所有制企业与民营企业高管更依靠关系。罗党论和唐清泉(2009)发现,当企业所在地产权保护度、政府干预度、金融发展水平等外部环境越差时,民营企业与政府形成政治联系的动机越强,其原因在于这种政治关系对民营企业来说,是市场机制不完善条件下的一种替代机制。林钟高等(2014)发现,企业与供应商及客户的关系投资有助于抑制大股东资金占用,从而有效缓解企业的代理冲突。企业内部关系即管理层关系也会对企业发展产生重要影响。可以看出,一方面,现有研究逐步注意到地缘关系这一非正式制度对契约的影响,但是针对中国情境下地缘关系的研究尚不充分。另一方面,现有研究又表明在外部制度供给不足的现实制约下,中国实践中以同乡关系为代表的社会关系影响广泛而深刻,这就给我们从地缘角度对社会关系如何影响薪酬契约带来了必要性和可能性。

3.2 高管地缘关系与内部控制

对于所有权与经营权分离的现代企业而言,董事长与总经理两职分离会提升企业的资源配置效率和绩效。然而在深受传统关系文化影响的中国企业中,这种所谓的职责分离往往只是人员设置的分离,两个职位的人员仍然存在着千丝万缕的联系,诸如亲属、同学、同乡关系等。两者通过这种联系形成一种"缘"(亲缘、学缘、地缘等),如,山西商号以地缘为主的东伙制,财东、掌柜、伙计、学徒等层次一律为同乡,绝不雇佣外乡人,也不雇佣财东亲戚、宗族子弟,体现了地缘关系在企业经营活动中的重要作用(蔡洪滨等,2008)。基于这种"缘"更容易实现合作,但这种"合作"往往降低了管理层的监督作用,使得管理效率低下,这不仅会造成企业内部控制质量较差,更会导致企业价值与市场表现的消极反应。Schmidt(2008)通过分析实施并购决策的公司的董事与CEO之间的社会关联的成本与收益,发现董事的社会关联有助于CEO与董事会成员之间的信息交流,能够提高董事会的建议质量,但会降低监督效果。Fracassi和Tate(2012)发现,CEO与公司董事之间的社会关联会导致较弱的董事会监督和较差的市场业绩,公司CEO更有可能会增加那些以前与CEO有网络连带的人为公司新任董事。

尽管中国上市公司基于监管部门对其内部控制的要求建立了较为完善的内部控制制度,但建立制度仅是提升内部控制质量的一个环节,企业的内部控制质量更取决于内部控制制度的执行效果,而执行往往与管理层的意愿和动机有关。高管之间尤其是董事长与总经理之间的亲密"关系"易使二者产生合谋行为,形成类似两职合一的治理结构,而两职合一会降低信息披露质量(Gul和Leung,2004;王斌和梁欣欣,2008),影响企业内部监督质量,进而造成内部控制质量较低。内部控制作为盈余质量的一个驱动因素(Doyle等,2005),其质量低下必然造成盈余质量较低,因此,在企业高管的内部关系治理中,减少董事长与总经理因地缘关系等产生强关系联结,有助于提升内部控制质量,而高质量的内部控制亦能够抑制公司盈余管理行为(方红星和金玉娜,2011)。

3.3 高管地缘关系与企业投资

Hambrick和Mason(1984)提出"高层梯队理论",认为高管的认知基础、价值观、洞察力以及这些特质的作用过程都会影响组织的战略选择和组织绩效。自此之后,高管团队特征的影响渗透到企业行为的很多方面,何威风和刘启亮(2010)发现高管团队特征影响财务重述行为并且高管团队与董事长性别、年龄差异也对公司财务重述有影响。姜付秀等(2009)发现管理层平均学历水平越高、平均年龄越大,越不会做出过度投资决策。根据李善同等(2004)调查,我国各地依然存在地方保护现象,虽然不同行业被保护力度、保护方式不同,但企业普遍认为省内环境好于省外环境。显然,传统地缘文化也是形成地方保护的一个原因,因为外部企业很容易被划分到"圈外人"。地缘关系作为一种非正式制度,也可能影响当地的社会生活与经济发展。陈同扬等(2010)用高管团队成员血缘、地缘、学缘和业缘等角色因素的成对吻合程度来代表高管团队一致性水平,发现高管团队一致性与企业绩效正相关,且经济发达地区和欠发达地区企业高管团队关系一致性并没有显著差异,这一发现似乎能够证明我国民营企业选人多采用缘分关系的普遍性。跨国研究却得到不一致的结果,如Rochelle(1994)研究显示,尽管外派经理失败率居高不下,外派高管显性成本高于当地高管,但跨国公司高管外派比例仍远大于本地比例。陶凤鸣等(2009)提出一种可能解释是基于交易成本的差异,包括招聘、培训和内部化成本、控制成本以及违约成本,导致母公司判断从东道国选任人才交易成本更高时,即使这对当地公司创新和整合能力不是最优之选,也会选择外派。另外,受到我国产业与区域政策双重作用存在集群生长特征。集群企业非但没有过度竞争,反而比单一企业更具有竞争力,原因在于小规模集群内企业联系与维系的纽带一般为亲缘和血缘关系,而大规模集群内大企业一般为地缘关系。这些非正式制度一方面增加了企业间信任,另一方面也增加了违约成本,因此,这些企业间普遍存在主动的、持续的合作行为。不像城市中存在很多学缘、业缘之类的关系,在中国的农村或乡镇,血缘、地缘形成了他们主要的关系网络。在改革开放初期,涌现出了一大批乡镇企业,乡镇私营企业主能够迅速积累初创资本,社会关系网络起到了很大作用,尤其是血缘、地缘为主的人员结构也是乡镇企业得以壮大的原因之一。

综上所述,管理者掌握着企业最重要的投资决策权,对企业的经营发展具有决定性的作用(Coase,1937)。长期以来,众多学者将研究重点集中在管理者投资行为上并取得了一系列成果。现有研究成果主要是采用人口统计学特征对管理层进行研究,对地缘关系的研究集中在社会学领域,而涉及地缘对微观企业影响的研究很少。韩志丽等(2014)在对已有关于企业投资行为经典文献回顾后认为,基于人文环境下主体的行为差异研究投资效率应该是一个研究方向。因此,我们尝试探索如下问题:企业内部是否有聚缘现象,地缘如何影响投资效率,管理层地缘是否对企业发展有利。

3.4 高管地缘关系与股价崩盘风险

一些研究认为,中国社会长期以来,把人际关系、社会网络和社会资本强调为社会各项活动的一个重要原则(张文宏,2003)。公司内部社会资本可以提高内部沟通的效率,增进彼此信任和合作,协调内部各种关系,促进个人及部门之间各种信息资源的交换和组合。公司内部社会资本是公司组织制度的必不可少的有益补充(任俊义,2010)。而这种内部社会资本源于内部人际关系这一纽带。在深受儒家思想影响的中国传统社会中,除了亲属关系联结之外,另一种社会纽带就是地域性关系。费孝通先生在《乡土中国生育制度》中提及,地缘作为血缘关系的投影,是血缘亲疏的一种反映。他认为中国传统社会结构倾向于人与人之间的依赖关系,而这种依赖关系随着血缘与地缘形成差序格局。因此,地缘关系也是一种重要的社会关系(费孝通,1998)。然而,基于发达经济体的相关研究发现,基于这种"关系"产生的信任容易造成管理层的合谋行为,增加盈余管理行为,降低监督效率,导致较差的市场业绩(Hwang和Kim,2009)。Fracassi和Tate(2012)发现,CEO与公司董事之间的社会关联会导致较弱的董事会监督和较差的市场业绩,公司CEO更有可能会增加那些以前与CEO有网络连带的人为公司新任董事。因此,高管地缘关系对公司绩效的影响具有两面性,但目前鲜有文献考察关系治理对于资本市场的影响。林毅夫和孙希芳(2005)发现由于正式制度的不足,地缘关系的存在可以减少企业间、企业与民间金融组织间信息的搜寻成本与信任成本,从而促进了地方非正式金融的发展。郭斌和刘曼路(2002)发现,依靠地缘关系,温州民间金融组织熟悉当地中小企业经营状况及背景、信用等信息,极大降低了借贷风险,也解决了中小企业融资困难的问题,且股东与经理人之间的密切关系,也大大降低了组织的监督成本以及出现不良行为的可能性。刘西川和陈立辉(2012)也发现温州民间借贷善于利用血缘地缘等社会关系来防范借贷风险。而最初由地缘关系所形成的产业集群,企业间持续的合作互动,带来了整体的竞争优势与规模经济(汪少华和王惠敏,2003;李胜兰,2008)。但就公司内部的地缘关系是如何影响公司内部行为的研究较少,陆瑶和胡江燕(2014)探讨了董事与CEO之间的"老乡"关系对公司风险水平的影响,"老乡"关系会显著增加公司的风险水平,且存在较强"老乡"关系的公司更易出现兼并行为,公司的财务风险也更高。

股价崩盘是股价波动的极端现象,源于公司管理者信息披露过程中选择性披露,向资本市场隐瞒了"坏消息",当资本市场逐渐获取到这些被隐瞒的"坏消息"后,会立刻对这些"坏消息"做出反应,从而引发股价崩盘。随着Romer(1993)最早对股价崩盘风险展开研究,对股价崩盘风险影响因素的研究相继出现。然而现有研究关于制度安排对股价崩盘风险的研究大多关注于正式制度安排的影响效果。比如,Defond等(2011)指出,强制采用国际财务报告准则(IFRS)会降低非金融企业股价崩盘风险,对金融企业则没有明显影响。王化成等(2014)发现,地区投资者保护水平与股价崩盘风险之间存在负相关关系,且业绩差、成长性低的公司中这种负相关关系更加显著。罗进辉和杜兴强(2014)从媒体报道这一视角分析其对公司未来股价崩盘风险的影响,发现媒体对上市公司的频繁报道显著降低了公司股价未来崩盘的风险,发挥了积极的信息中介和公共监督作用;进一步地,上市公司所在省市的制度环境越不完善,媒体报道对股价崩盘风险的积极影响显著越强。现有关于股价崩盘风险影响因素的研究鲜少提及非正式制度安排影响,因此考察非正式制度(关系治理)安排对股价崩盘风险的影响有助于丰富相关研究。

第3章 高管地缘关系与薪酬激励

1 引言

CEO薪酬契约是公司治理的核心内容之一,有效的薪酬契约被认为可以缓解所有权和经营权分离带来的委托代理问题(Jensen 和 Meckling,1976;Jensen 和 Murphy,1990)。由于信息不对称和有限理性的存在,薪酬契约并不能成为一个完备契约,CEO仍然可以通过机会主义行为等方式追逐私有收益,而股东则难以发现和追责。在西方视角下,这一问题的解决被寄希望于外部制度,即通过完善的产权保护制度和健全的法律机制来保障契约的执行(Williamson,1985)。但是在中国"新兴加转轨"的制度环境下,外部制度供给相对不足,无论是所有权保护还是对违约行为的法律惩罚机制都不够完善,无法依赖外部制度对契约进行有效监督(Chalos 等,2004)。在此背景下,部分研究将社会关系视为一种替代机制,寄希望于社会关系本身提供激励,并降低缔约双方的信息不对称,从而增进治理效率,我们将之称为"替代假说"(王永钦,2005;赵宜一和吕长江,2015)。但也有相当数量的研究,发现在薪酬契约中引入社会关系并不能带来治理效率的提高,反而会带来董事会监督效力的下降,我们将之称为"削弱假说"(Core 等,1999;Hwang 和 Kim,2009)。那么,在这两种假说中,哪一种才起决定性作用,社会关系是否是制度缺失条件下的替代性选择,还是会导致薪酬契约对CEO自利行为监督作用的失效?

为了对这一问题进行回答,我们选择了社会关系中较为广泛的地缘关系入手,实证检验了地缘关系对薪酬契约的影响。所谓地缘关系,也称为同乡关系,即由于同一籍贯而产生的一种人际关系。之所以选择地缘关系作为社会关系的切入点,主要基于以下原因:首先,从社会学角度来看,中国社会构建于"类别"和"关系"之中,其中"类别"构成了最为基础的社会非正式属性,而"关系"则建立在"类别"的基础之上(潘光旦,2000)。在中国社会中,同乡是一种普遍存在的"类别",正如费孝通(1948)提出的"差序格局"所描述的那样,中国人的社会关系存在一个在从家外推的同心圆结构,而除了亲缘关系外最具共性的特征就是地缘、亲族等关系(麻国庆,2008)。其次,和赵宜一和吕长江(2015)从亲缘关系入手不同,我们认为亲缘关系中更多地表现出了"利他主义"的特征(王明琳等,2014;魏春燕等,2015),而"利他主义"在更为一般的社会关系中是否仍然有效却值得商榷,其结论在一般社会关系意义上是否可以进一步延伸需要检验。同时,和同学、同事等其他社会关系相比,地缘关系对契约的影响不仅有历史传统(蔡洪滨等,2008),也在现实中广泛存在(陆瑶和胡江燕,2014)。最后,现有研究也表明,地缘关系对经济行为有重要影响。例如,温州民间金融组织依靠地缘关系构建信贷网络,极大降低了借贷风险(郭斌和刘曼路,2002);地缘关系可能会增加企业风险(陆瑶和胡江燕,2014)、降低内部控制效力;等等。因此,从地缘关系入手,考察社会关系对薪酬契约的影响,可能是一个适当的角度。

我们实证分析聚焦于地缘关系对薪酬契约有效性的影响(薪酬业绩敏感性,PPS),结果表明,存在地缘关系的公司薪酬业绩敏感性的确较低。为了区分两种理论假说,我们进一步检验了薪酬黏性和企业业绩表现。其依据在于,根据"削弱监督"假说,地缘关系应该带来更高的薪酬黏性,即如果地缘关系成为CEO自利行为的保护伞,那么地缘关系对薪酬业绩敏感性的削弱只应该存在于业绩下降时;反之,根据"降低需求"假说,有地缘关系的CEO和委托人之间并不依赖于现有的薪酬契约进行约束,那么其薪酬业绩敏感性的降低应该表现出双向性。实证结果表明,地缘关系对公司薪酬业绩敏感性的减弱作用只在业绩较差的情况下显著,而在业绩较好的时候不显著。这一结果支持了"削弱假说",说明社会关系对正式契约的负面影响较大。此外,我们还检验了不同地区制度环境下社会关系对薪酬契约的影响,发现这种削弱作用仅在外部制度供给较差情况下显著,这一结果暗示,所谓关系治理可能并不如制度约束有效。在排除其他私人关系干扰和内生性之后,实证结果依然稳健。

本研究可能的贡献在于,首先,已有相关研究大多基于正式制度相当完善的发达市场(Core 等,1999;Hwang 和 Kim,2009;Fracassi 和 Tate,2012),本研究则提供了新兴加转轨的双重市场特征下。更重要的是,本研究在前人研究的基础上,进一步辨析了两种不同假说,发现地缘关系削弱了董事会对 CEO 的监督,而非乐观地对正式契约起到替代作用。其次,相对于相关研究以家庭、家族等作为切入点(赵宜一和吕长江,2015),本研究将社会关系延伸到更为一般的同乡关系,使得相关研究结论更具有一般性。最后,本研究结果在强调社会关系作用的同时,也强调了正式制度的有效性,这一结果可能对监管者加大制度供给提供一定的借鉴。

2 理论推导与研究假设

2.1 董事会与高管薪酬

早期研究大多从董事会结构安排角度探讨其对薪酬有效性的影响。如 Cyert 等(1997)发现,董事会规模是决定 CEO 可变薪酬的一个重要因素。当 CEO 兼任董事长时,CEO 薪酬要高出平均水平 20% 到 40%,且 CEO 薪酬与董事会持股比例呈负相关关系。Brickley 和 Coles(1997)研究也发现,CEO 兼任董事长会导致更高的 CEO 薪酬水平。Core 等(1999)以董事长与 CEO 两职分离、董事会规模等 8 个结构指标来衡量董事会的有效性,研究发现,董事会有效性欠缺时 CEO 的薪酬更高。Cordeiro 和 Veliyath(2003)发现,独立董事比例与 CEO 现金报酬呈正相关关系。Chhaochharia 和 Grinstein(2009)以 2002 年美国颁布 SOX 法案对董事会结构与运行做出新规定为契机,研究发现,那些实施 SOX 法案的公司,独立董事比例增加后,CEO 薪酬有着显著的下降。

近年来,西方学者逐渐从社会网络视角探讨董事会对高管薪酬的影响。他们认为任何经济组织与个人都处于一定的社会关系网络之中,他人的行为必然会影响到个体的行为决策,同样,公司董事所处的社会网络关系会对其公司治理行为产生影响。Core 等(1999)发现,董事外部社会关系越多的公司中,CEO 被支付了超额薪酬,并指出董事丰富的社会关系损害了其对管理层的监督效率。Larcker 等(2005)也发现,"繁忙"董事的公司中,CEO 的薪酬总额显著更高,但未来经营业绩更差。学者们还就董事与 CEO 之间的私人关系对高管薪酬的影响进行了探讨。Hwang 和 Kim(2009)以董事与 CEO 是否同在军队服役过、毕业于同一所大学、同乡、从事同一专业或同时与另一独董相识等作为两者间是否存在私人社会关系进行衡量,在董事与 CEO 之间不存在任何私人社会关系的公司中,CEO 的总薪酬较低(平均下降了 330 万美元),而在那些董事与 CEO 之间存在私人社会关系的公司中,CEO 薪酬业绩敏感性更低,因业绩而辞退的敏感性也更低。Engelberg 等(2013)以 2000—2007 年期间大型上市公司 2 700 位 CEO 为样本,研究发现,当CEO 与执行董事或外部董事存在社会私人关系,CEO 薪酬较高(平均增加 17 000 美元左右)。Faleye 等(2011)也发现,董事和管理层之间的私人关系会提高经理人的薪酬水平。Armstrong 等(2006)研究发现,董事和管理层存在私人关系的公司中,经理人的薪酬水平更高,未来业绩却更差。

2.2 地缘关系与薪酬激励有效性

关于地缘关系对于薪酬契约有效性的分析,可以从前述两个角度展开。

一方面从监督角度看,社会关系会使得契约双方不能严格按照契约的要求规范各自行为,而是将社会关系所代表的社会规范作为行为指导,从而在情感上追求互利互惠(Uzzi,1996)。社会关系可能会降低董事的独立性以及从股东利益最大化角度对管理层实施监督的责任感,导致董事会监督效率的下降。例如,Hwang 和 Kim(2009)发现,在那些董事与 CEO 之间存在私人社会关系的公司中,CEO 薪酬业绩敏感性更低,因业绩而辞退的敏感性也更低。Kramarz 和 Thesmar(2013)也发现,这类公司 CEO 因业绩不良而被更换的可能性更低。陆瑶和胡江燕(2014)也发现,在董事与 CEO 之间存在老乡关系的公司中,董事会放松对 CEO 决策的监管,从而增大公司风险。这些都说明,社会关系可能导致董事会对 CEO 的监管动机下降,那么反映在薪酬契约中,也可能导致不能通过薪酬契约监管 CEO,亦即,薪酬契约有效性降低。

另一方面从激励角度看,薪酬契约为CEO提供了激励,以降低代理成本。但是,社会关系本身有可能会提供某种激励,如根据Becker(1976)提出的"利他主义"动机,家族企业成员担任CEO时,亲缘关系本身可以提供激励,从而减少对薪酬契约的依赖(赵宜一和吕长江,2015)。其次,社会关系还可以起到声誉保障作用。正如潘光旦(2000)所描述的那样,两个个体之间存在某种社会关系也意味着个体存在于基于某一"类别"的群体之中。例如,在本研究中,两者有地缘关系也意味着两者同时存在于基于"老乡"而连接的群体中。那么任何一方的机会主义行为都将损害他在这个群体中的声誉(Standifird和Marshall,2000)。这就意味着社会关系本身提供了激励,减少双方对契约激励的需求。最后,由于社会关系的存在也意味着双方之间信息不对称程度更低(Adams和Ferreira,2007),董事会对CEO真实努力程度的了解程度更高,其通过会计业绩评价CEO努力程度的需求也会下降,这也意味着对薪酬契约依赖性的降低(杨玉龙等,2014)。因此,从激励角度看,社会关系会导致双方对契约的需求下降,反映在薪酬契约问题上,即会表现出薪酬契约效力较低。

由此可见,无论是从"削弱假说"还是从"替代假说"角度,社会关系都可能导致薪酬契约有效性下降。据此,我们做出第一个假设:

假设1:同等情况下,有地缘关系的公司薪酬业绩敏感性比其他公司更低。

2.3 削弱还是替代?

显然,不管是削弱假说还是替代假说,都指向了更低的薪酬业绩敏感性,但是两种观点下地缘关系对CEO薪酬契约有效性的影响是截然不同的。要区分地缘关系对薪酬契约有效性的影响,薪酬黏性可能是一个比较好的角度。如果从监督假说出发,地缘关系会弱化董事会对CEO的监督,反映在薪酬黏性上,薪酬业绩敏感性的降低较多的会出现在业绩不好的情况下。这是因为如果监督失效,CEO有更大的可能进行自利的机会主义行为,当企业业绩不好时,CEO会设法保证自己的利益不受损失,此时,其薪酬不会随着业绩的下降而下降;反之,当业绩较好时,CEO则会更加追求高收益的薪酬,表现为薪酬业绩同方向变动。但是从替代出发,如果地缘关系本身提供了激励,从而降低了 CEO 自利行为的动机。那么,CEO 的利益应该和股东利益更多的相一致,无论业绩好坏,薪酬业绩敏感性都会较低。同时,如果地缘关系成为 CEO 在老乡群体中的声誉的保障机制,那么这种声誉机制也会促使 CEO 降低其追求自利的动机,从而使得薪酬业绩敏感性的变化和业绩无关。最后,如 Ouchi(1980)、Adams 和 Ferreira(2007)所说,地缘关系可能会导致双方信息不对称程度较低,导致业绩评价不依赖于财务指标。那么这种薪酬业绩敏感性的降低更应该是双向的,即无论业绩好坏,有地缘关系公司薪酬业绩敏感性都会下降。因此,从替代假说出发,应该可以看到薪酬业绩敏感性的变化与业绩无关。

根据以上分析,我们从业绩好坏出发,区别地缘关系对薪酬契约有效性的影响,并提出对立假设如下:

假设 2a:同等情况下,地缘关系 CEO 公司的薪酬业绩敏感性降低只在业绩较差时出现。

假设 2b:同等情况下,地缘关系 CEO 公司的薪酬业绩敏感性在业绩较好和较差都会下降。

3 研究设计

3.1 样本选择与数据来源

现阶段中国上市公司股票期权等激励方式并不普遍,货币薪酬仍然是高管薪酬最主要的构成(辛清泉等,2007;方军雄,2009),薪酬制订也更加市场化,本研究以 CEO 货币薪酬表示其薪酬水平。以 2005—2014 年在沪深挂牌交易的 A 股民营上市公司为初选样本,根据研究需要对样本进行以下筛选:①研究需董事长与总经理个人详细资料,剔除个人信息缺失严重的样本;②研究需计算董事长与总经理地缘关系,剔除董事长与总经理两职合一的样本;③剔除金融类公司样本;④剔除当年 ST 或 PT 公司样本;⑤为了控制亲缘关系对薪酬契约有效性的影响,我们删除了样本中董事长和 CEO 存在亲缘关系的样本;⑥剔除其他财务变量缺失的样本,最终得到 4 017 个公司年度观测值。为控制极端值对结论的影响,我们对连续控制变量在 1% 水平上进行 WINSORIZE 缩尾处理。

本研究依据 CSMAR 数据库高管信息(名单、任期等),配合招股说明书、公司年报、公司网站、新浪财经、金融界等公开渠道手工收集其个人资料,根据出生(或成长)所在地通过 Google Earth① 取得出生地② 经纬度信息计算所得的负数,来量化董事长与总经理间的距离以刻画地缘关系深浅。外部治理环境度量来源于樊纲等(2011)市场化指数,其他财务数据来源于 CSMAR 公司系列数据库。

3.2 模型设计与变量设定

参考方军雄(2009)、辛清泉和谭伟强(2009)等薪酬模型,我们考虑如下 CEO 薪酬和薪酬业绩敏感性模型:

$$Comp_{it} = \beta_0 + \beta_1 Geodist_{it}(Province_{it}) + \beta_2 ROA_{it} + \beta_3 Geodist_{it}(Province_{it}) \times ROA_{it} + \beta_{4-12} ControlVariables_{it-1} + \varepsilon_t \quad (3.1)$$

被解释变量为 CEO 薪酬($Comp$),取自公司年报披露的当年度 CEO 货币薪酬对数。解释变量为高管地缘,通过两个维度来刻画地缘,包括董事长与总经理同省关系($Province$)和地理距离($Geodist$)。变量的定义详见表 3-1。

表 3-1 变量定义表

符号	含义	定 义
Dependent Var.		
Comp	CEO 薪酬	CEO 薪酬的自然对数
Independent Var.		

---

① Google earth 是谷歌开发出品的一款虚拟地球仪软件,可以精确定位地点的经纬度信息。
② 利用居民身份证号前六位来判定地点不失为一种较优的方法,但是收集难度较大,一定比例的高管在 1985 年实行居民身份证首次登记时已过 16 周岁,正在外就学或谋生而就地申领身份证件,推算的地点与真实出生或成长地信息可能出入较大,因此未将其纳入收集方法。

(续表)

符号	含义	定义
Province	高管同省地缘	虚拟变量,董事长与CEO出生所在地为同省时定义为1,否则为0
Geodist	高管距离地缘	董事长与CEO出生地两者间距离的负数(百公里数)
Control Var		
Law	法制健全程度	樊纲等编制的"市场中介组织和法律制度环境指数"衡量
Size	企业规模	公司总资产的自然对数
Lev	资产负债率	公司总负债与公司总资产的比值
ROA	资产收益率	公司当年会计收益与总资产的比值
RET	市场收益率	公司当年股票市场年度收益率
Listage	上市时长	公司当年距离上市年度的差值
First	股权集中情况	公司第一大股东持股数与股份总数的比值
Growth	投资机会	公司过去两年平均销售增长率
Age	CEO年龄	CEO当年实际年龄
Degree	CEO学历	CEO教育虚拟变量,未受过高等教育则为1,否则为0
Gender	CEO性别	CEO性别虚拟变量,男性为1,女性为0
Director_totco	兼任数	在其他公司兼任职务的公司总数
Year	年度控制变量	年度控制变量,从2005—2014共10年,设置9个控制变量
Industry	行业控制变量	行业控制变量,制造业按二级分类,其他行业按一级分类

4 实证检验

4.1 描述性统计

表 3-2 为变量的描述性统计。由表 3-2 可知,CEO 薪酬(*Comp*)均值为 12.63,标准差为 0.86。地缘指标(*Province*)为 0—1 虚拟变量,均值为 0.46,标

准差为0.50,而另一地缘指标(Geodist)最小值为-11.89,最大值为0,均值为-0.54,标准差为0.71,说明董事长和总经理地缘距离的差异较大。另外,总资产收益率(ROA)的均值为0.04,中位数为0.03,说明大部分企业总资产呈稳中有增状况。其他控制变量的描述性结果与文献基本一致。

表3-2 各变量描述性统计量

变量	样本数	均值	标准差	最小值	P25	中位数	P75	最大值
Comp	4 017	12.63	0.86	4.94	12.11	12.69	13.20	16.12
Province	4 017	0.46	0.50	0	0	0	1	1
Geodist	4 017	-0.54	0.71	-11.89	-1.05	-0.30	0	0
Law	4 017	8.71	1.93	4.81	7.27	8.77	10.42	11.80
Size	4 017	21.71	1.14	19.27	20.88	21.60	22.39	25.14
Lev	4 017	0.50	0.20	0.08	0.36	0.51	0.64	0.97
ROA	4 017	0.04	0.06	-0.19	0.01	0.03	0.06	0.22
RET	4 017	0.38	0.96	-0.75	-0.28	0.03	0.80	4.03
Listage	4 017	12.47	4.44	0	9	12	16	30
First	4 017	0.38	0.15	0.09	0.26	0.36	0.50	0.75
Growth	4 017	0.21	0.49	-0.65	-0.01	0.14	0.30	3.20
Age	4 017	46.87	5.92	33	43	47	51	61
Degree	4 017	0.35	0.48	0	0	0	1	1
Gender	4 017	0.95	0.22	0	1	1	1	1
Director_totco	4 017	1.00	2.10	0	0	0	1	11

4.2 回归分析

为了对前述假设进行检验,我们以模型3-1为基础进行多元线性回归,并在公司和时间两个维度上对回归标准误进行了聚类处理(two-way cluster),相关结果如下。

表3-3报告了地缘关系对薪酬契约有效性影响的回归结果,其中列1和列3是不控制其他变量的结果,列2和列4是控制其他可能因素的结果。可以看到,无

论是否控制其他影响因素,董事长和CEO同属一个省的指示变量$Province$和ROA的交乘项系数均为负值,且在0.05的水平下显著。类似地,表示董事长和CEO籍贯地理距离(乘以-1)的连续变量$Geodist$和ROA的交乘项系数也显著为负,且在0.01的水平下显著。这一结果支持了假设1,说明地缘关系导致薪酬业绩敏感性下降,这也和前人相关研究相一致。

表3-3 地缘关系对薪酬契约有效性的影响

	(1)	(2)	(3)	(4)
$Province \times ROA$	−0.774 6**	−0.803 6**		
	(−2.08)	(−2.55)		
$Geodist \times ROA$			−0.682 2***	−0.594 0***
			(−2.92)	(−2.82)
$Province$	−0.036 3	0.007 9		
	(−1.16)	(0.31)		
$Geodist$			−0.026 5	−0.038 7**
			(−1.30)	(−2.21)
ROA	4.425 9***	3.979 5***	4.349 2***	3.248 4***
	(12.08)	(10.82)	(8.44)	(10.15)
Law		0.088 1***		0.088 7***
		(7.25)		(7.36)
$Size$		0.212 0***		0.211 2***
		(13.03)		(13.12)
Lev		0.030 6		0.034 4
		(0.36)		(0.41)
RET		−0.007 6		−0.007 0
		(−0.49)		(−0.46)
$Listage$		−0.003 4		−0.003 7
		(−0.80)		(−0.85)

(续表)

	(1)	(2)	(3)	(4)
First		−0.426 1***		−0.415 0***
		(−3.61)		(−3.52)
Growth		−0.046 3*		−0.046 3*
		(−1.68)		(−1.77)
Age		0.010 6***		0.010 1***
		(4.00)		(3.86)
Degree		0.023 8		0.022 5
		(0.68)		(0.64)
Gender		0.072 6		0.075 9
		(1.10)		(1.17)
Director_totco		0.035 2***		0.034 9***
		(4.20)		(4.19)
Constant	11.882 4***	6.351 2***	11.924 6***	6.355 7***
	(111.28)	(15.08)	(71.09)	(15.54)
Year	yes	yes	yes	yes
Industry	yes	yes	yes	yes
N	4 017	4 017	4 017	4 017
Adj. R^2	0.239	0.355	0.137	0.357

注：***、**、*分别表示在1%、5%和10%水平上显著。

对本研究而言，更为重要的是，地缘关系降低薪酬业绩敏感性的背后，究竟代表着董事会对CEO监督作用的削弱还是地缘关系本身对薪酬契约起到了替代作用。我们对此做了进一步检验，结果如表3-4所示。

表 3-4　不同业绩下地缘关系对薪酬业绩敏感性的影响

	Good performance		Bad performance	
	(1)	(2)	(3)	(4)
$Province \times ROA$	−1.018 6		−0.923 8***	
	(−1.56)		(−3.12)	
$Geodost \times ROA$		−0.625 1		−0.689 1**
		(−1.38)		(−2.20)
$Province$	0.046 2		−0.009 9	
	(1.21)		(−0.45)	
$Geodist$		−0.029 4		−0.045 0**
		(−0.75)		(−2.18)
ROA	4.600 0***	3.726 8***	3.839 4***	3.005 9***
	(10.62)	(7.15)	(8.01)	(8.23)
Law	0.085 9***	0.087 0***	0.090 1***	0.090 4***
	(6.61)	(8.64)	(6.41)	(9.99)
$Size$	0.203 2***	0.200 8***	0.217 8***	0.218 1***
	(11.66)	(9.07)	(10.79)	(11.25)
Lev	0.161 3	0.166 9	−0.053 4	−0.050 8
	(1.37)	(1.29)	(−0.60)	(−0.51)
RET	−0.022 3	−0.021 9	0.009 2	0.010 9
	(−0.83)	(−1.10)	(0.90)	(0.42)
$Listage$	−0.007 7	−0.008 3	−0.000 2	−0.000 3
	(−1.58)	(−1.58)	(−0.05)	(−0.07)
$First$	−0.382 4**	−0.371 1***	−0.448 9***	−0.436 7***
	(−2.13)	(−2.61)	(−3.94)	(−3.66)
$Growth$	−0.058 7	−0.059 5*	−0.027 7	−0.026 4
	(−1.16)	(−1.88)	(−1.28)	(−0.83)
Age	0.009 7**	0.008 9**	0.010 7***	0.010 4***
	(2.44)	(2.52)	(4.65)	(3.61)

(续表)

	Good performance		Bad performance	
	(1)	(2)	(3)	(4)
Degree	0.036 1	0.034 8	0.012 2	0.011 3
	(0.76)	(0.83)	(0.34)	(0.30)
Gender	0.137 4*	0.146 2	0.024 3	0.023 1
	(1.69)	(1.48)	(0.30)	(0.36)
Director_totco	0.038 1***	0.038 2***	0.031 5***	0.030 7***
	(4.51)	(4.31)	(3.07)	(3.12)
Constant	7.142 4***	7.208 1***	6.231 7***	6.216 8***
	(16.07)	(13.69)	(13.27)	(13.94)
Year	yes	yes	yes	yes
Industry	yes	yes	yes	yes
N	1 495	1 495	2 522	2 522
Adj. R^2	0.314	0.317	0.369	0.371

注：***、**、*分别表示在1%、5%和10%水平上显著。

如表3-4所示，列1和列2是在业绩较好时(本年业绩好于上年业绩)，地缘关系对薪酬业绩敏感性的影响。可以看到，此时地缘关系和 *ROA* 的交乘项系数依然为负，但是不显著。反之，列3和列4是在业绩较差时(本年业绩低于上年业绩)，地缘关系对薪酬业绩敏感性的影响。可以看到，不仅地缘关系变量和 *ROA* 的交乘项系数为负，且分别在0.01(虚拟变量)、0.05(连续变量)水平下显著。由此可见，地缘关系对薪酬业绩敏感性的影响仅仅在业绩较差的情况下出现，这支持了假设2a中的观点。换而言之，在存在董事长和CEO地缘关系的公司中，薪酬业绩敏感性的下降并不是由于地缘关系对薪酬契约提供了替代，而是由于董事会放松了对CEO的监督，使得CEO更加追求私利而在业绩下降时较少地降低薪酬，在业绩较好时却仍然不受地缘关系影响地增加薪酬。

4.3 进一步检验

4.3.1 地缘关系和正式制度的替代效应

以上检验结果说明了地缘关系对薪酬契约的多元影响。值得注意的另一个问题是,这种非正式机制是必须的吗?理论上而言,如果外部制度供给足够,那么对不完全契约的裁决可以借助正式制度完成,而不必借由社会关系。那么现实是否真的如此,正式制度和地缘关系之间是否存在替代效应?对此我们进一步检验了不同法律环境水平下地缘关系对薪酬契约有效性的影响,结果如表 3-5 所示。我们同样发现,地缘关系对薪酬契约有效性的影响只在法律制度环境较弱的情况下显著,说明地缘关系作为一种非正式制度,其影响受到外部正式制度的竞争。

表 3-5 法律环境水平高低分组下的高管地缘与薪酬契约有效性的影响

	Good institution		Bad institution	
	(1)	(2)	(3)	(4)
$Province \times ROA$	−0.521 4		−0.873 3**	
	(−0.92)		(−2.30)	
$Geodist \times ROA$		−0.586 4		−0.562 8*
		(−1.37)		(−1.73)
$Province$	−0.072 8*		0.074 7*	
	(−1.85)		(1.93)	
$Geodist$		−0.064 8**		−0.008 0
		(−2.20)		(−0.29)
ROA	3.746 7***	3.151 6***	4.245 4***	3.493 3***
	(6.07)	(6.74)	(12.59)	(8.27)
Law	0.104 9***	0.100 3***	0.044 9**	0.047 3**
	(4.15)	(4.08)	(2.25)	(2.43)
$Size$	0.214 0***	0.216 0***	0.215 1***	0.213 4***
	(8.54)	(8.07)	(9.50)	(10.12)

(续表)

	Good institution		Bad institution	
	(1)	(2)	(3)	(4)
Lev	−0.003 2	−0.005 3	0.101 1	0.107 3
	(−0.03)	(−0.04)	(1.03)	(0.81)
RET	0.006 8	0.009 2	−0.021 7	−0.020 9
	(0.33)	(0.47)	(−0.78)	(−0.94)
Listage	0.000 2	0.000 6	−0.007 9	−0.008 9
	(0.03)	(0.10)	(−1.15)	(−1.61)
First	−0.273 0*	−0.257 6	−0.583 6***	−0.575 5***
	(−1.81)	(−1.59)	(−4.15)	(−4.16)
Growth	−0.068 6**	−0.074 6**	−0.028 5	−0.024 7
	(−2.03)	(−2.15)	(−1.11)	(−0.88)
Age	0.007 4**	0.006 8*	0.012 4***	0.012 2***
	(2.35)	(1.89)	(3.22)	(3.17)
Degree	0.092 3*	0.088 5*	−0.032 2	−0.034 1
	(1.77)	(1.77)	(−0.92)	(−0.80)
Gender	0.006 8	0.014 8	0.138 2	0.137 0
	(0.09)	(0.19)	(1.27)	(1.33)
Director_totco	0.039 0***	0.038 4***	0.029 6**	0.029 4**
	(4.00)	(4.13)	(2.58)	(2.61)
Constant	6.664 6***	6.146 7***	7.753 3***	7.852 4***
	(9.99)	(9.50)	(13.94)	(15.78)
Year	yes	yes	yes	yes
Industry	yes	yes	yes	yes
N	2 068	2 068	1 949	1 949
Adj. R^2	0.266	0.269	0.356	0.356

注：***、**、*分别表示在1%、5%和10%水平上显著。

4.3.2 其他社会关系的影响

除了地缘关系，董事长和 CEO 之间还可能存在其他社会关系，这些关系的存在可能对本研究的结果产生影响。为控制这一影响，首先，考虑到赵宜一和吕长江 (2015) 基于亲缘关系的研究，我们在样本筛选中删除了董事长和 CEO 之间存在亲缘关系的样本。

表 3-6 控制 CEO 来源后的结果

	(1)	(2)
$Province \times ROA$	−0.956 8***	
	(−2.59)	
$Geodist \times ROA$		−0.737 0**
		(−2.37)
$Province$	0.040 0	
	(1.26)	
$Geodist$		−0.020 7
		(−0.88)
ROA	3.961 5***	3.081 6***
	(10.24)	(8.60)
$Inside$	0.073 6**	0.074 2**
	(2.39)	(2.03)
Law	0.089 1***	0.089 7***
	(6.12)	(9.69)
$Size$	0.206 7***	0.205 1***
	(11.96)	(10.81)
Lev	0.073 9	0.075 1
	(0.80)	(0.74)
RET	−0.011 9	−0.011 6
	(−1.07)	(−0.71)
$Listage$	−0.001 5	−0.001 8
	(−0.34)	(−0.40)

(续表)

	(1)	(2)
$First$	−0.419 3***	−0.409 4***
	(−3.47)	(−3.34)
$Growth$	−0.043 8	−0.044 7*
	(−1.49)	(−1.86)
Age	0.011 8***	0.011 1***
	(3.85)	(3.50)
$Degree$	0.031 4	0.031 1
	(0.82)	(0.83)
$Gender$	0.104 6	0.109 3
	(1.57)	(1.42)
$Director\_totco$	0.041 1***	0.041 1***
	(5.05)	(5.22)
$Constant$	7.215 0***	7.292 9***
	(16.77)	(15.56)
$Year$	yes	yes
$Industry$	yes	yes
N	4 017	4 017
$Adj.\ R^2$	0.349	0.351

注：***、**、*分别表示在1%、5%和10%水平上显著。

其次，为了控制由于工作关系而带来的其他社会关系，如创业伙伴、多年同事等，我们对CEO的来源数据进行了整理，在模型1中增加了变量$Inside$，如果CEO来源于公司内部，则$Inside$等于1，否则为0，相关回归结果如表3-6所示。

如表3-6所示，在控制了CEO来源后，结果依然稳健。说明在排除社会关系（如创业伙伴、同事等）之后，地缘关系对薪酬业绩敏感性的影响依然存在。

4.3.3 关于内生性的稳健性测试

在主回归中，可能会存在一些遗漏因素同时影响董事长与CEO之间的地缘关系与CEO薪酬激励，即可能存在内生性问题。为了缓解这一问题，我们进一步将样本设定为 CEO 或者董事长变更而导致地缘关系发生变化的样本中,对模型 1 进行再次回归。结果见表 3-7 所示依然稳健。

表 3-7　地缘关系变化情况下的检验结果

	(1)	(2)	(3)	(4)
	Comp	Comp	Comp	Comp
$Province \times ROA$	−0.708 0	−0.628 9*		
	(−1.40)	(−1.78)		
$Geodost \times ROA$			−0.762 7***	−0.672 6**
			(−3.87)	(−2.37)
$Province$	−0.021 4	−0.001 5		
	(−0.89)	(−0.07)		
$Geodist$			−0.017 7	−0.054 5***
			(−0.90)	(−3.02)
ROA	4.012 2***	3.132 9***	4.175 9***	2.470 3***
	(7.88)	(7.04)	(8.04)	(6.03)
Law		0.093 5***		0.094 4***
		(5.81)		(6.01)
$Size$		0.238 2***		0.237 2***
		(10.41)		(10.19)
Lev		−0.065 7		−0.059 6
		(−0.78)		(−0.71)
RET		−0.010 6		−0.011 4
		(−0.41)		(−0.44)
$Listage$		−0.005 2		−0.005 1
		(−0.92)		(−0.88)
$First$		−0.507 7***		−0.498 3***
		(−3.37)		(−3.37)
$Growth$		−0.043 6		−0.042 0
		(−1.53)		(−1.49)

(续表)

	(1)	(2)	(3)	(4)
	Comp	Comp	Comp	Comp
Age		0.009 5***		0.009 0***
		(4.45)		(4.04)
$Degree$		0.061 1		0.058 7
		(1.55)		(1.51)
$Gender$		0.018 6		0.020 4
		(0.18)		(0.19)
$Director\_totco$		0.035 4***		0.035 4***
		(3.07)		(3.14)
$Constant$	13.013 9***	6.719 4***	12.411 8***	6.715 0***
	(99.08)	(10.71)	(59.58)	(10.66)
$Year$	yes	yes	yes	yes
$Industry$	yes	yes	yes	yes
N	1 616	1 616	1 616	1 616
$Adj.\ R^2$	0.235	0.354	0.134	0.357

注：***、**、*分别表示在1%、5%和10%水平上显著。

5　小结

受我国社会结构传统和当下制度供给不足的现实影响，关系在公司治理实践中有着广泛的影响。本研究以2005—2014年的A股民营上市公司为研究样本，探讨了董事长和CEO之间的私人地缘关系对CEO薪酬激励的影响。我们发现，存在地缘关系的公司薪酬业绩敏感性较低。但这可能意味着地缘关系导致董事会对CEO监督的削弱，也可能意味着地缘关系本身替代了薪酬契约的作用，为此我们进一步检验了薪酬黏性和企业业绩表现。结果表明，地缘关系对公司薪酬业绩敏感性的减弱作用只在业绩较差的情况下显著，而在业绩较好的时候不显著。这一结果说明地缘关系削弱了董事会的监督作用。此外，我们还检验了不同地区制度环境和产权性质下地缘关系对薪酬契约有效性的影响,研究发现,地缘关系对薪酬契约有效性的影响只在外部制度较差的企业或国有企业中显著。这一结果暗示,所谓关系治理可能并不如制度约束有效。在排除其他私人关系干扰和可能的内生性之后,本研究的实证结果依然稳健。我们的研究发现展现了关系对公司治理的负面影响,在理论上完善了对社会关系的认识,在实践上不仅有助于公司正确使用关系这一非正式制度,也有助于政策制定者认识到外部正式制度供给的重要性。

第4章 高管地缘关系与内部控制质量

1 引言

"内部控制"这一概念自1936年美国会计师协会(AIA)在其发布的《独立注册会计师对财务报表审计》文中正式提出和定义以后一直是会计研究领域关注的焦点。已有研究文献(Altamuro 和 Beatty,2010;Bargeron 等,2010;黄寿昌和杨雄胜,2010;李万福等,2011)发现,内部控制有助于提高会计信息质量,降低企业风险,减少内幕交易,降低信息不对称,保护投资者利益。随着企业内部控制重要性的日益凸显,中国开始逐步完善关于内部控制的法律法规,财政部、证监会、审计署、银监会、保监会五部委于2008年5月联合制定了《企业内部控制基本规范》,并于2010年制定了《企业内部控制配套指引》,这表明我国已经将完善企业内部控制规范体系作为一项重要的制度安排。为了确保内部控制规范体系的有效性,制定者需了解内部控制质量的影响因素。相关研究(Krishnan,2005;Ashbaugh-Skaife等,2007;Doyle 等,2007;Abbott 等,2007;Naiker 和 Sharma,2009;Hoitash 等,2009)认为,公司规模、年龄、上市年限、审计委员会的效率、公司治理机制的健全程度、公司财务状况、公司财务报告与交易的复杂程度、成长速度、并购重组事件、董事会与审计委员会的成员构成与新聘用CFOs的职业能力等内部因素都会对企业内部控制产生重要影响。

然而,已有研究大多基于正式制度相当完善的发达市场展开,其研究结论可能无法完全解释新兴市场国家的情况,尤其在中国新兴加转轨的双重市场特征下,非正式制度往往也是企业经济活动效率的重要影响因素。这种非正式制度通常也被称之为中国文化情境下的"关系",王永钦(2005)用关系型治理框架解释了中国渐进式改革的内涵和成功之处,认为关系合约在很长一段历史时期内都会是占主导地位的治理形式。关系治理的核心即为构建社会关系网络,基于相关研究(Khwaja等,2008;Hwang和Kim,2009)中网络涵盖的内容,我们认为企业关系治理涉及的网络既包括企业所有者及董事与管理者之间因财务、亲属或社会关系而形成的内部网络,也包括企业高管连锁任职形成的外部商业网络,其中,社会关系指所有者及董事与管理者是同学、同乡、战友、同行或拥有相同的教育背景等(Hwang和Kim,2009)。我们选择同乡这一特征作为内部关系网络的纽带探讨关系治理对企业内部控制质量的影响。已有研究(Hwang和Kim,2009;Fracassi和Tate,2012)发现,企业的关系治理会影响企业的盈余管理行为,进而对企业内部控制质量产生影响。

基于数据的可获取性及可靠程度,拟选择董事长与总经理的同乡关系作为内部关系治理的一种度量[①],这种同乡关系也称之为地缘关系(Jacobs和Bruce,1982),同时选择董事长与总经理连锁任职形成的外部商业网络作为外部关系治理的衡量。本研究基于手工收集的2007—2013年上市公司高管关系治理数据及迪博内部控制数据库的数据,探究高管的内部关系治理对企业内部控制质量的作用机制及效果;进一步地,基于中国制度背景下国有企业与民营企业关系治理特征的显著差异,探索两类企业的内部关系治理对内部控制质量作用机制的差异性;最后,结合外部关系治理分析两种关系治理模式对企业内部控制质量的共同作用结果。

本研究的主要贡献在于:①已有关于内部控制质量影响因素的研究较少涉及关系治理这一要素,本研究丰富了新兴市场中企业内部控制的相关研究;②本研究发现不同产权性质企业中内部关系治理对企业内部控制质量的影响存在差异,这为内部控制规范体系的制定者提供了实践参考;③本研究延伸了企业关系治理的范围,不仅包含企业高管内部之间形成的关系网络,也涵盖企业高管构建的外部网

---

① 为了保证内外部关系治理数据的一致性,本文研究的高管仅是董事长与总经理。

络,两种关系治理相互联结,可以扬长避短,有效提升内部控制质量,这为关系治理在中国企业应用实践的文献提供了新的经验证据。

2 理论推导与研究假设

2.1 地缘关系与内部控制质量

对于所有权与经营权分离的现代企业而言,董事长与总经理两职分离会提升企业的资源配置效率和绩效。然而在深受传统关系文化影响的中国企业中,这种所谓的职责分离往往只是人员设置的分离,两个职位的人员仍然存在着千丝万缕的联系,诸如亲属、同学、同乡关系等。两者通过这种联系形成一种"缘"(亲缘、学缘、地缘等),例如,山西商号以地缘为主的东伙制,财东、掌柜、伙计、学徒等层次一律为同乡,绝不雇佣外乡人,也不雇佣财东亲戚、宗族子弟,体现了地缘关系在企业经营活动中的重要作用(蔡洪滨等,2008)。基于这种"缘"更容易实现合作,但这种"合作"往往降低了管理层的监督作用,使得管理效率低下,这不仅会造成企业内部控制质量较差,更会导致企业价值与市场表现的消极反应。Schmidt(2008)通过分析实施并购决策的公司的董事与CEO之间的社会关联的成本与收益,发现董事的社会关联有助于CEO与董事会成员之间的信息交流,能够提高董事会的建议质量,但会降低监督效果。Fracassi和Tate(2012)发现,CEO与公司董事之间的社会关联会导致较弱的董事会监督和较差的市场业绩,公司CEO更有可能会增加那些以前与CEO有网络连带的人为公司新任董事。

尽管中国上市公司基于监管部门对其内部控制的要求建立了较为完善的内部控制制度,但建立制度仅是提升内部控制质量的一个环节,企业的内部控制质量更取决于内部控制制度的执行效果,而执行往往与管理层的意愿和动机有关。高管之间尤其是董事长与总经理之间的亲密"关系"易使两者产生合谋行为,形成类似两职合一的治理结构,而两职合一会降低信息披露质量(Gul和Leung,2004;王斌和梁欣欣,2008),影响企业内部监督质量,进而造成内部控制质量较低。内部控制作为盈余质量的一个驱动因素(Doyle等,2005),其质量低下必然造成盈余质量较低,因此,在企业高管的内部关系治理中,减少董事长与总经理因地缘关系等产生强关系联结,有助于提升内部控制质量,而高质量的内部控制亦能够抑制公司盈余管理行为(方红星和金玉娜,2011)。据此,提出如下假设。

假设1:董事长与总经理的地缘关系越弱,上市公司内部控制质量越高。

2.2 产权性质、地缘关系与内部控制质量

随着市场经济的发展,一系列与内部控制质量相关的问题不断出现,政府部门将推动企业完善内控控制制度并提高管理控制风险的能力作为一项重要工作。而不同产权性质的企业提升内部控制质量的效果存在差异(刘启亮等,2012)。尽管国有企业的治理结构和监管环境不断发生变化,但它们仍然受到政府的控制与监管,其"一股独大"的状态仍未得到改善,"所有者缺位"现象依然存在,且管理层通常是政府任命的,从而导致管理层的目标并非提升企业价值而是寻求个人政治升迁。然而,国有企业中董事长与总经理个人政治升迁的发展目标与两者因政治安排形成的地缘关系进行合谋存在利益冲突,且国有企业内部控制质量受到更多的政策约束与监管,因此,两者地缘关系对内部控制质量的影响较弱。由于国有企业承担了政府的多重目标,如经济发展战略、就业、税收、社会稳定等(林毅夫等,2004a,2004b),政府通常不会让国有上市公司破产,对内部控制出现问题的国有企业法律惩罚和处分较轻,非国有企业则不然,政府通常不会为非国有企业因内部控制问题导致的破产风险提供政治庇佑,非国有企业更有动力通过健全制度与提高执行力来提升内部控制质量,进而降低经营风险与法律风险。因此,非国有企业中董事长与总经理因地缘关系较近造成的治理效率低下对内部控制质量的影响更为剧烈。据此,提出如下假设。

假设2:相比国有上市公司,非国有上市公司中董事长与总经理的地缘关系对内部控制质量的抑制作用较强。

2.3 内外关系治理联结作用

董事长与总经理因地缘产生的强关系联结往往会造成决策的无效率。然而,若董事长与总经理在其他企业兼任高管,他们除了地缘的内部关系联结外,还因连

锁任职产生了与兼任企业的一种外部关系联结,即外部关系网络。这种外部关系治理可以使董事长与总经理获得兼任企业在内部控制质量提升方面的经验。尤其当管理者对于项目风险和收益并没有很好的评估经验时,他们惯常的做法并不是通过研究或者试验进行理性选择,而是依赖于从自身所处的社会网络中成员之间的口头交流中获取信息(Ellison 和 Fudenburg,1995)。例如,Liao 和 Chen(2006)研究了社会关联对研发决策的经济影响,他们发现董事之间具有较好社会关联的公司,他们之间的研发政策具有相似性。Kang 和 Tan(2008)分析了连锁董事与会计政策选择之间的关系,发现当公司与采用股权期权计划的公司之间存在着董事关联时,这些公司也会自愿地采取该项政策。

为了缓解企业面临的资源约束和信息不对称问题,高管可以通过提升构建社会网络的能力来提升信息获取的能力(Dyer 和 Nobeoka,2000;马鸿佳等,2010),发挥信息获取的协同效应,促进信息资源的外部获取和内部积累,同时连锁商业网络中的网络外部性使网络成员企业决策行为呈现出优势趋同性,提升了企业内部信息的传递效率,从而有效提升了信息质量,实现了内部控制质量的改善。基于上面的分析,董事长与总经理地缘关系较远的上市公司其公司治理效率较高,内部控制制度的执行效果较好,内部控制质量可提升空间较小,通过董事长与总经理连锁任职建立的外部网络在提升内部控制质量方面的学习效应可能并不明显;而地缘关系较近的上市公司的内部控制质量则因这种外部关系网络产生的决策行为优势趋同效应可能得到更加明显的提升。综上所述,提出如下假设。

假设3:外部关系治理更有助于改善因董事长与总经理地缘关系较近造成的内部控制质量低下现象。

3 研究设计

3.1 样本选择与数据来源

本研究的样本为在沪深两地交易所挂牌交易的A股上市公司,因内部控制指数完整披露始于2007年,研究区间为2007—2013年。根据研究需要,对原始数据进行了筛选：①研究需董事长与总经理个人详细资料，因此剔除个人信息缺失严重的样本；②研究需计算董事长与总经理地缘关系，因此剔除董事长与总经理两职合一和家族企业中董事长与总经理均来自同一家族的样本；③剔除金融类公司样本；④剔除当年 ST 或 PT 的公司样本；⑤剔除其他财务变量缺失的样本。最终本文得到 5 457 个公司年度数据。考虑到异常值问题，我们对连续控制变量在 1% 水平上进行 WINSORIZE 缩尾处理。

本研究依据 CSMAR 上市公司数据库高管信息（名单、任期等），通过招股说明书、公司年报、公司网站、新浪财经、金融界等公开渠道手工收集其个人资料，再根据出生（或成长）所在地的经纬度量化董事长与总经理间的距离以刻画地缘关系深浅。由于中国上市公司内部控制披露的同质性，使得上市公司内部控制有效性和审计意见等指标差异非常小，无法体现不同公司的内部控制实际情况，内部控制数据参考周守华等（2013）、毛新述和孟杰（2013）、张会丽和吴有红（2014）采用的迪博上市公司内部控制指数①（收录于 CSMAR 数据库），外部治理环境的度量来源于樊纲等（2011）市场化指数，其他财务数据来源于 CSMAR 上市公司财务数据库。

3.2 模型设计与变量设定

在参考 Doyle 等（2007）、Gong 等（2012）、陈汉文和王韦程（2014）的文献基础上设计如下。

3.2.1 模型构建

为了检验假设 1（董事长与总经理地缘关系对内部控制质量的影响），我们运行如下回归模型：

---

① 内部控制指数旨在衡量企业内部控制规范实施的效率和效果，涵盖了自 2007 年以来所有中国上市公司披露的内部控制相关信息和数据，受到 2014 年迪博与证监会和中山大学合作的国家自然科学基金重点项目"基于中国情境的企业内部控制有效性研究"（课题号 71332004）的资助。2014 年结合美国 COSO 发布的《2013 年内部控制——整体框架》及其配套指南，和中国证监会发布的《公开发行证券的公司信息披露编报规则第 21 号——年度内部控制评价报告的一般规定》（2014）等国内外新标准、制度予以整合、升级和调整，数据库内容更加全面丰富、客观，选取字段科学、真实地反映出我国上市公司的内部控制水平，更具参考价值。

$$IC_{it}(ICW_{it}) = \beta_0 + \beta_1 Province_{it}(Geodist_{it}) + \beta_{2-19} ControlVariables_{it-1}$$
$$+ \sum \gamma_k Year_k + \sum \delta_j Industry_j + \varepsilon_t \quad (4.1)$$

为了检验假设2(不同产权性质企业中董事长与总经理地缘关系对内部控制质量影响的差异性),我们运行如下回归模型:

$$IC_{it}(ICW_{it}) = \beta_0 + \beta_1 Province_{it}(Geodist_{it}) + \beta_2 Soe_{it} + \beta_3 Province_{it}(Geodist_{it}) \times$$
$$Soe_{it} + \beta_{4-20} ControlVariables_{it-1} + \sum \gamma_k Year_k + \sum \delta_j Industry_j + \varepsilon_t \quad (4.2)$$

为了检验假设3(外部关系治理对地缘关系与内部控制质量的调节影响),我们运行如下回归模型:

$$IC_{it}(ICW_{it}) = \beta_0 + \beta_1 Province_{it}(Geodist_{it}) + \beta_2 Fnet_{it} + \beta_3 Province_{it}(Geodist_{it}) \times$$
$$Fnet_{it} + \beta_{4-21} ControlVariables_{it-1} + \sum \gamma_k Year_k + \sum \delta_j Industry_j + \varepsilon_t \quad (4.3)$$

3.2.2 变量定义

1) 被解释变量

内部控制指标,衡量企业内部治理和风险管理情况,包括内部控制指数(IC指标自2000年开始)和内部控制缺陷数(ICW指标自2007年开始),内部控制数据来自"迪博·中国上市公司内部控制指数"。该指数以企业内部控制基本框架体系作为制度基础,基于内部控制战略、经营、报告、合规和资产安全五大目标的实现程度设计内部控制基本指数,并将内部控制重大缺陷作为修正指标,对内部控制指数进行补充与修正。指数越高代表内部控制质量越高,缺陷数越少,代表内部控制质量越高。

2) 解释变量

高管内部地缘关系指标,通过两个维度来刻画地缘以衡量管理层内部文化、理念的异质性程度,包括董事长与总经理同省关系($Province$)、地理距离($Geodist$)即通过Google Earth取得出生地经纬度信息计算所得的百公里负数,使得与$Province$度量地缘关系保持方向一致。

3) 调节变量

高管外部连锁网络指标,旨在衡量企业在商业网络中拥有的获取技术创新资源的能力,本研究借鉴 Mintz 和 Schwartz(1985)、Stokman 等(1985)和 Khwaja 等 (2008),采用董事长和总经理直接在其他上市公司连锁任职的公司数($Fnet$)。

4) 控制变量

本研究在模型中控制了以下关键影响因素:Soe 表示企业产权性质,$Dual$ 表示董事长与总经理两职合一的情况,$Turnov$ 表示当年董事长或总经理是否出现变更,Law 表示公司所在地区的法律环境,以市场化指数中法律环境分指标,$Size$ 表示公司规模,$First$ 表示股权集中度,$Share$ 表示高管持股比例,Big 表示公司当年是否聘请四大会计师事务所担任审计机构,$Opinion$ 表示公司当年年报是否获得标准无保留审计意见,Roa 表示公司资产收益率,Lev 表示公司资产负债率,Mb 表示企业市账比,C_edu、D_edu、C_age、D_age、C_gender、D_gender 分别表示总经理和董事长的教育背景、年龄和性别。上述回归模型中,我们还控制了年度和行业固定效应。

4 实证检验

4.1 单变量分析

表 4-1 报告了回归中主要变量的描述性统计结果。

表 4-1 主要变量描述性统计

Variable	N	mean	S.D.	min	p25	p50	p75	max
IC	4 167	687.5	99.39	303.5	662.2	688.1	724.5	938.2
ICW	4 167	0.770	1.890	0	0	0	0	13
Province	4 167	0.610	0.490	0	0	1	1	1
Geodist	4 167	−5.030	9.830	−125.20	−8.330	−0.830	0	0
Fnet	4 167	0.130	0.390	0	0	0	0	2
Soe	4 167	0.550	0.500	0	0	1	1	1

(续表)

Variable	N	mean	S.D.	min	p25	p50	p75	max
Law	4 167	0.660	0.470	0	0	1	1	1
Size	4 167	21.89	1.540	19.04	20.87	21.60	22.61	27.52
First	4 167	0.370	0.150	0.090	0.250	0.360	0.490	0.770
Big	4 167	0.480	0.500	0	0	0	1	1
Opinion	4 167	0.960	0.200	0	1	1	1	1
Share	4 167	4.870	7.400	0	0.020	1.230	6.900	34.32
ROA	4 167	0.050	0.060	−0.200	0.020	0.050	0.080	0.260
Lev	4 167	0.480	0.230	0.050 0	0.310	0.470	0.630	1.230
Mb	4 167	0	0.030	−1.390	0	0	0	0.350
Dual	4 167	0.230	0.420	0	0	0	0	1
Turnov	4 167	0.450	0.500	0	0	0	1	1
C_edu	4 167	2.260	0.810	1	2	2	3	3
D_edu	4 167	2.260	0.820	1	2	3	3	3
C_age	4 167	47.89	6.390	33	44	47	52	64
D_age	4 167	51.51	6.460	37	47	51.24	56	67
C_gender	4 167	0.940	0.240	0	1	1	1	1
D_gender	4 167	0.970	0.170	0	1	1	1	1

因变量内部控制,由内部控制指数和内部控制缺陷数(ICW)组成,IC 均值为687.5,标准差为99.39,ICW 均值为0.77,标准差为1.890,表明内部控制数据存在较大的差异性,便于实证检验。自变量内部地缘关系指标有董事长与总经理同乡关系(Province)和高管间距离(Geodist,负百公里)两种算法,Province 均值为0.61,而 Geodist 均值为−5.030,表明不到半数的企业拥有相同或相近的地缘,这与俞俊利等(2013)基本保持一致。调节变量外部连锁网络关系指标(Fnet)均值为0.13,最大值为2,说明一个公司董事长和/或总经理最多在2家上市公司任职。SOE 均值为0.55,说明样本中国有企业与非国有企业数量差不多,其他控制变量

的均值与以前相关研究基本保持一致。内部控制与内部地缘关系显著负相关,与假设1相符。内部地缘关系的两个指标(Province 与 Geodist)显著且高度相关,系数在 0.5 以上,说明这两类指标是一种补充和替代的关系。其他控制变量之间的相关系数最大不超过 0.5,说明回归中不存在严重的多重共线问题,且与内部控制显著正相关。

4.2 回归分析

我们使用面板数据固定效应多元回归分析,主回归分析中对变量进行滞后一期以解决同期相关问题并进行异方差的 Robust 控制,结果如表 4-2 所示。

表 4-2 地缘关系对内部控制质量的多元回归结果

Dep. Var.	IC			ICW		
	(1)	(2)	(3)	(4)	(5)	(6)
Province	−8.839***			0.094***		
	[−3.89]			[3.69]		
Geodist		−0.355**	−0.687**		0.002**	0.011**
		[−2.41]	[−2.31]		[2.25]	[2.17]
Dual	5.131	2.409	2.163	−0.083	−0.015	−0.053
	[0.87]	[0.44]	[0.26]	[−0.48]	[−0.09]	[−0.23]
Turnov	−7.881***	−7.416***	−16.009***	0.070	0.059	0.188*
	[−2.86]	[−2.72]	[−4.22]	[0.88]	[0.75]	[1.80]
Soe	8.446*	8.251*	6.857	−0.060	−0.058	−0.002
	[1.90]	[1.85]	[1.20]	[−0.46]	[−0.45]	[−0.01]
Law	−4.639	−4.645	−16.377**	0.247	0.246	0.290
	[−0.89]	[−0.89]	[−2.31]	[1.63]	[1.63]	[1.48]
Size	31.945***	31.643***	21.484***	−0.208	−0.206	−0.199
	[6.93]	[6.87]	[3.24]	[−1.55]	[−1.54]	[−1.09]

(续表)

Dep Var.	IC			ICW		
	(1)	(2)	(3)	(4)	(5)	(6)
First	38.358	38.338	−38.962	0.205	0.186	0.658
	[1.32]	[1.31]	[−0.91]	[0.24]	[0.22]	[0.55]
Big	−7.419**	−7.759**	−13.052***	−0.071*	−0.072*	−0.321**
	[−2.02]	[−2.11]	[−2.77]	[−1.67]	[−1.67]	[−2.47]
Opinion	27.906***	28.044***	47.684***	−0.274	−0.284	−0.373
	[2.81]	[2.82]	[3.49]	[−0.95]	[−0.98]	[−0.99]
Share	1.350***	1.336***	1.253***	−0.003	−0.003	0.003
	[5.30]	[5.25]	[3.81]	[−0.47]	[−0.47]	[0.35]
Roa	467.351***	467.174***	408.093***	−0.043	−0.042	0.656
	[16.38]	[16.37]	[11.23]	[−0.05]	[−0.05]	[0.65]
Lev	−55.758***	−55.012***	−35.442*	0.283	0.262	0.544
	[−3.78]	[−3.73]	[−1.73]	[0.66]	[0.61]	[0.96]
Mb	211.360***	212.497***	214.783***	1.605	1.601	1.506
	[5.11]	[5.14]	[4.72]	[1.34]	[1.33]	[1.20]
C_edu	−6.648**	−6.635**	0.325	−0.125	−0.128	−0.003
	[−2.09]	[−2.09]	[0.07]	[−1.35]	[−1.39]	[−0.02]
D_edu	0.804	0.859	−8.997	−0.023	−0.027	0.076
	[0.29]	[0.31]	[−1.57]	[−0.28]	[−0.33]	[0.48]
C_age	−0.002	0.009	0.191	0.010	0.009	−0.013
	[−0.01]	[0.02]	[0.35]	[0.87]	[0.79]	[−0.84]
D_age	0.588	0.517	0.703	−0.014	−0.013	0.002
	[1.54]	[1.37]	[1.11]	[−1.26]	[−1.16]	[0.14]
C_gender	−5.835	−5.887	4.034	−0.006	0.006	0.260
	[−0.51]	[−0.52]	[0.20]	[−0.02]	[0.02]	[0.48]

(续表)

Dep Var.	IC			ICW		
	(1)	(2)	(3)	(4)	(5)	(6)
D_gender	−5.604	−4.894	−2.525	0.542	0.533	0.388
	[−0.46]	[−0.41]	[−0.13]	[1.55]	[1.52]	[0.70]
$Constant$	−43.831	−42.768	172.972	5.981**	6.025**	5.068
	[−0.45]	[−0.44]	[1.19]	[2.11]	[2.12]	[1.26]
$Fixed\ Effect$	Yes	Yes	Yes	Yes	Yes	Yes
$Year\ \&\ Industry$	Yes	Yes	Yes	Yes	Yes	Yes
$Observations$	4 167	4 167	2 530	4 167	4 167	2 530
$Adj.\ R^2$	0.188	0.188	0.162	0.042	0.042	0.051
$F\ value$	27.188	27.109	12.711	5.169	5.152	3.535

注：括号内表示调整后的 t 值，***、**、* 分别表示在 1%、5%和 10%的显著性水平下显著（双尾检验）。

表 4-2 为假设 1 的多元回归结果。第 1、第 2 列通过两种地缘关系计算方法验证了内部地缘关系与内部控制质量（指数）显著负相关，即地缘关系越近则内部控制质量越低，说明高管内部地缘关系（如同乡关系）会降低内部控制质量，不利于公司内部治理。若董事长与总经理虽不是同乡，但所在家乡位于两省的相邻城市，变量 $Geodist$ 的取值可能会小于两者虽为同省同乡却处于相距较远的两个地点的距离。因此，为了更好地刻画出生地的地理距离这一地缘关系指标对内部控制质量的影响，本研究亦考察了董事长与总经理属于同一省份的情况下（即 $Province=1$），二人出生地的地理距离对内部控制质量的影响（回归结果见第 3 列），假设 1 仍然得到验证。

从控制变量来看，高管变更变量显著为负，表明上市公司董事长或总经理变更当年的内部控制质量低于非变更年份。规模、审计意见、高管持股比例、收益率、市账比系数显著为正，表明规模越大，获得标准无保留审计意见越多，高管持股比例越高，收益率越高，市场相对估值越高，则内部控制质量越好，这也与陈汉文和王韦程（2014）结果一致；四大会计师事务指标与资产负债率显著为负，表明当年聘请四大会计师事务所作为审计机构、高负债的企业,其内部控制质量较差。同理,将内部控制指标 IC 换为 ICW 后结果依然显著一致(ICW 是内部控制质量的反向指标,回归系数符号与 IC 回归结果相反),见表 4-2 第 4~6 列。

产权性质差异也会影响地缘关系与内部控制质量之间的作用效果。表 4-3 将地缘关系与产权性质交互回归观察其对内部控制质量(指数)的影响在不同产权性质下有何异化。第 1~3 列回归结果显示,地缘关系系数显著负相关,而产权性质与地缘关系的交乘项系数显著正相关,表明国有企业中董事长与总经理地缘关系与内部控制质量的负相关关系弱于非国有企业。结果显示,在不同产权性质下,内部关系治理对内部控制质量的影响存在差异,假设 2 得到经验验证。这可能是由于国有企业的国有属性及高管的个人政治诉求,其董事长与总经理的内部地缘关系受到组织部门的约束,内部控制制定和运行的实际效果并不会受到内部关系治理的实质影响,主要还是取决于国家政策的引导以及制度约束;而非国有企业由于受到政治安排较少,为了降低企业面临的各种风险,推动企业的持续发展,高管更有动力去提升内部控制质量,因此,公司内部控制质量主要取决于高管内部尤其是董事长与总经理两者对公司治理效率的影响程度。采用 ICW 指标亦得到相同的结论,见表 4-3 第 4~6 列。

表 4-3 地缘关系、产权性质对内部控制质量的多元回归结果

Dep Var.	IC			ICW		
	(1)	(2)	(3)	(4)	(5)	(6)
Province	−8.705***			0.091***		
	[−3.16]			[2.76]		
Geodist		−0.390**	−2.585***		0.003**	0.020**
		[−2.54]	[−2.90]		[2.44]	[2.25]
Province*Soe	0.398**			−0.002**		
	[2.19]			[−2.16]		
Geodist*Soe		0.002*	1.476**		−0.001*	−0.008**
		[1.83]	[2.21]		[−1.74]	[−2.23]

(续表)

Dep Var.	IC			ICW		
	(1)	(2)	(3)	(4)	(5)	(6)
Soe	8.082*	8.367*	6.047	−0.064	−0.029	0.000
	[1.80]	[1.85]	[1.05]	[−0.49]	[−0.22]	[0.00]
Dual	4.808	2.567	1.599	−0.074	0.003	−0.054
	[0.81]	[0.46]	[0.19]	[−0.43]	[0.02]	[−0.23]
Turnov	−8.321***	−7.948***	−16.089***	0.066	0.052	0.210**
	[−3.00]	[−2.89]	[−4.21]	[0.81]	[0.65]	[2.00]
Law	−5.347	−5.338	−17.720**	0.234	0.239	0.285
	[−1.02]	[−1.02]	[−2.48]	[1.54]	[1.57]	[1.45]
Size	32.893***	32.561***	22.809***	−0.231*	−0.231*	−0.204
	[7.08]	[7.01]	[3.41]	[−1.71]	[−1.71]	[−1.11]
First	33.671	33.384	−39.462	0.400	0.382	0.848
	[1.15]	[1.14]	[−0.91]	[0.47]	[0.45]	[0.71]
Big	−5.965	−6.381*	−12.123**	−0.077	−0.072	−0.310**
	[−1.61]	[−1.72]	[−2.56]	[−0.71]	[−0.67]	[−2.38]
Opinion	27.107***	27.769***	47.150***	−0.270	−0.280	−0.373
	[2.73]	[2.79]	[3.45]	[−0.93]	[−0.97]	[−0.99]
Share	1.384***	1.367***	1.271***	−0.004	−0.004	0.002
	[5.42]	[5.35]	[3.84]	[−0.56]	[−0.59]	[0.27]
Roa	466.299***	465.943***	407.454***	0.001	−0.015	0.670
	[16.34]	[16.32]	[11.19]	[0.00]	[−0.02]	[0.67]
Lev	−57.155***	−56.391***	−36.905*	0.307	0.294	0.614
	[−3.87]	[−3.82]	[−1.80]	[0.71]	[0.68]	[1.09]
Mb	210.997***	212.039***	214.153***	1.618	1.617	1.522
	[5.11]	[5.13]	[4.70]	[1.35]	[1.35]	[1.21]

(续表)

Dep Var.	IC			ICW		
	(1)	(2)	(3)	(4)	(5)	(6)
C_edu	−6.603**	−6.650**	0.671	−0.126	−0.124	−0.008
	[−2.06]	[−2.07]	[0.14]	[−1.34]	[−1.32]	[−0.05]
D_edu	0.834	0.848	−9.208	−0.023	−0.029	0.083
	[0.30]	[0.30]	[−1.61]	[−0.29]	[−0.35]	[0.52]
C_age	−0.040	−0.038	0.169	0.010	0.010	−0.012
	[−0.10]	[−0.09]	[0.31]	[0.87]	[0.86]	[−0.80]
D_age	0.579	0.515	0.658	−0.011	−0.011	0.003
	[1.51]	[1.36]	[1.04]	[−1.03]	[−0.96]	[0.19]
C_gender	−4.851	−5.747	4.200	−0.012	0.005	0.256
	[−0.42]	[−0.50]	[0.21]	[−0.04]	[0.02]	[0.47]
D_gender	−5.689	−4.974	−2.763	0.547	0.536	0.393
	[−0.47]	[−0.41]	[−0.14]	[1.56]	[1.53]	[0.71]
Constant	−57.087	−54.815	152.319	6.264**	6.278**	4.958
	[−0.58]	[−0.56]	[1.04]	[2.19]	[2.20]	[1.23]
Fixed Effect	Yes	Yes	Yes	Yes	Yes	Yes
Year & Industry	Yes	Yes	Yes	Yes	Yes	Yes
Observations	4 167	4 167	2 530	4 167	4 167	2 530
$Adj.R^2$	0.192	0.191	0.164	0.042	0.043	0.052
F value	26.245	26.138	12.216	4.815	4.926	3.386

注:括号内表示调整后的 t 值,***、**、* 分别表示在1%、5%和10%的显著性水平下显著(双尾检验)。

表4-4验证了假设3的多元回归结果。通过将地缘关系与高管外部连锁网络指标交互回归发现,第1~3列中地缘关系系数显著负相关,而高管外部连锁网络与地缘关系的交乘项系数显著正相关,表明当企业因董事长和总经理亲近的地缘关系对内部控制质量产生抑制作用时,迫于内外部的监督压力,上市公司董事长与

总经理会通过外部关系网络的构建提升内部控制质量,缓解因地缘关系导致的治理效率问题,进而改善内部控制质量。根据第1~3列结果,高管外部连锁网络系数显著为正,说明董事长和总经理建立的连锁商业网络规模越大,上市公司内部控制质量越高,即强化外部关系治理可以有效提升内部控制质量。

表 4-4 地缘关系、外部连接对内部控制质量的多元回归结果

Dep Var.	IC			ICW		
	(1)	(2)	(3)	(4)	(5)	(6)
Province	−6.280***			0.107***		
	[−3.30]			[2.86]		
Geodist		−0.297**	−0.740***		0.000**	0.011**
		[−2.16]	[−3.31]		[2.30]	[2.37]
Province×Fnet	19.066**			−0.092*		
	[2.16]			[−1.76]		
Geodist×Fnet		0.847*	1.232**		−0.020**	−0.009**
		[1.83]	[2.33]		[−2.17]	[−2.19]
Fnet	6.249*	6.463*	19.262*	−0.023	−0.174*	−0.162
	[1.91]	[1.86]	[1.65]	[−1.14]	[−1.83]	[−1.50]
Dual	4.179	2.446	1.959	−0.088	−0.015	−0.055
	[0.71]	[0.44]	[0.23]	[−0.51]	[−0.09]	[−0.23]
Turnov	−7.944***	−7.356***	−16.009***	0.070	0.061	0.189*
	[−2.89]	[−2.69]	[−4.22]	[0.88]	[0.77]	[1.80]
Soe	8.686*	8.434*	6.991	−0.059	−0.055	−0.001
	[1.95]	[1.89]	[1.22]	[−1.45]	[−1.42]	[−1.01]
Law	−5.037	−4.733	−16.714**	0.246	0.245	0.287
	[−0.97]	[−0.91]	[−2.36]	[1.62]	[1.62]	[1.46]
Size	32.314***	31.779***	21.887***	−0.206	−0.204	−0.196
	[7.00]	[6.88]	[3.30]	[−1.54]	[−1.52]	[−1.07]
First	37.758	37.557	−39.262	0.205	0.175	0.656
	[1.29]	[1.28]	[−0.91]	[0.24]	[0.21]	[0.55]

(续表)

Dep Var.	IC			ICW		
	(1)	(2)	(3)	(4)	(5)	(6)
Big	−7.368**	−7.907**	−12.730***	−0.071	−0.074	−0.318**
	[−2.00]	[−2.15]	[−2.70]	[−0.66]	[−0.69]	[−2.44]
Opinion	28.070***	28.342***	48.721***	−0.272	−0.276	−0.365
	[2.82]	[2.85]	[3.57]	[−0.94]	[−0.95]	[−0.97]
Share	1.342***	1.351***	1.267***	−0.003	−0.003	0.003
	[5.27]	[5.30]	[3.85]	[−0.47]	[−0.43]	[0.36]
Roa	464.626***	466.345***	402.156***	−0.057	−0.065	0.605
	[16.27]	[16.33]	[11.00]	[−0.07]	[−0.08]	[0.60]
Lev	−55.773***	−54.512***	−36.802*	0.282	0.271	0.533
	[−3.77]	[−3.69]	[−1.79]	[0.66]	[0.63]	[0.94]
Mb	211.879***	214.061***	213.553***	1.606	1.634	1.495
	[5.13]	[5.18]	[4.69]	[1.34]	[1.36]	[1.19]
C_edu	−6.609**	−6.751**	0.087	−0.124	−0.131	−0.005
	[−2.08]	[−2.12]	[0.02]	[−1.35]	[−1.42]	[−0.04]
D_edu	0.502	0.577	−9.440	−0.024	−0.033	0.072
	[0.18]	[0.21]	[−1.64]	[−0.30]	[−0.41]	[0.46]
C_age	0.017	0.020	0.169	0.010	0.009	−0.013
	[0.04]	[0.05]	[0.31]	[0.87]	[0.81]	[−0.85]
D_age	0.571	0.520	0.651	−0.014	−0.013	0.002
	[1.50]	[1.37]	[1.02]	[−1.26]	[−1.15]	[0.11]
C_gender	−4.916	−5.441	3.938	−0.001	0.017	0.259
	[−0.43]	[−0.48]	[0.20]	[−0.00]	[0.05]	[0.47]
D_gender	−5.490	−4.791	−2.782	0.542	0.533	0.386
	[−0.46]	[−0.40]	[−0.14]	[1.54]	[1.52]	[0.69]

(续表)

Dep Var.	IC			ICW		
	(1)	(2)	(3)	(4)	(5)	(6)
Constant	−53.275	−46.125	170.984	5.944**	5.970**	5.049
	[−0.54]	[−0.47]	[1.17]	[2.09]	[2.10]	[1.25]
Fixed Effect	Yes	Yes	Yes	Yes	Yes	Yes
Year & Industry	Yes	Yes	Yes	Yes	Yes	Yes
Observations	4 167	4 167	2 530	4 167	4 167	2 530
Adj. R^2	0.190	0.188	0.163	0.042	0.043	0.051
F value	25.371	25.178	11.887	4.788	4.820	3.280

注：括号内表示调整后的 t 值，***、**、* 分别表示在1%、5%和10%的显著性水平下显著（双尾检验）。

4.3 稳健性测试

4.3.1 高管地缘变更前一年和后一年的子样本的检验

如表4-5，考虑到董事长或总经理未发生变更时，高管地缘年度间没有差异，那么内部控制的变化可能是其他原因造成的。而发生变更时，尤其是地缘发生变化时，更能较好地观察到高管地缘带来内部控制的差异，考虑到变更当年企业特征的巨大差异和变更在上下半年对高管实施内部控制影响的情况，我们选择了高管地缘变更前一年和后一年的样本进行观察，可以发现，结果更加显著，且系数方向与之前发现一致①。

表4-5　Panel A 高管变更前后，地缘关系对内部控制质量的多元回归结果

Dep Var.	IC			ICW		
	(1)	(2)	(3)	(4)	(5)	(6)
Province	−5.576**			0.118**		
	[−2.08]			[2.12]		

---

① 未报告的测试显示，高管变更后，地缘关系变近（远）的公司未来的托宾Q和累计超额回报呈现下降（上升）。

(续表)

Dep Var.	IC			ICW		
	(1)	(2)	(3)	(4)	(5)	(6)
Geodist		−0.663**	−7.037**		0.002*	0.049**
		[−2.10]	[−2.55]		[1.71]	[2.58]
Dual	11.459**	4.319	7.225	−0.250	−0.231	−0.262
	[2.02]	[0.80]	[1.10]	[−1.57]	[−1.51]	[−1.54]
Turnov	−15.406	−13.358	−10.486	0.271	0.266	0.208
	[−1.22]	[−1.29]	[−1.63]	[1.01]	[1.07]	[1.24]
SOE	1.043	1.409	−5.503	−0.148	−0.149	−0.181
	[1.20]	[1.27]	[−0.85]	[−1.02]	[−1.02]	[−1.07]
Law	−3.330	−3.331	−4.302	0.325**	0.325**	0.289*
	[−0.71]	[−0.71]	[−0.72]	[2.45]	[2.45]	[1.86]
Size	38.560***	39.018***	39.963***	0.022	0.020	0.009
	[18.61]	[18.92]	[13.82]	[0.37]	[0.35]	[0.12]
First	22.115	24.767*	22.553	−1.498***	−1.505***	−0.918*
	[1.54]	[1.72]	[1.21]	[−3.69]	[−3.70]	[−1.90]
Big	3.972	4.092	−1.971	0.086	0.085	0.012
	[0.93]	[0.96]	[−0.37]	[0.71]	[0.71]	[0.09]
Opinion	92.323***	89.961***	95.035***	−0.066	−0.060	−0.565
	[7.60]	[7.38]	[6.11]	[−0.19]	[−0.18]	[−1.40]
Share	1.635***	1.584***	1.738***	−0.012	−0.012	−0.022**
	[4.97]	[4.83]	[4.42]	[−1.34]	[−1.33]	[−2.14]
Roa	455.523***	452.269***	408.189***	−0.227	−0.218	1.083
	[11.02]	[10.97]	[8.24]	[−0.19]	[−0.19]	[0.84]
Lev	−38.835***	−35.574***	−51.357***	0.550	0.542	0.887**
	[−3.05]	[−2.78]	[−3.27]	[1.53]	[1.50]	[2.17]

(续表)

Dep Var.	IC			ICW		
	(1)	(2)	(3)	(4)	(5)	(6)
Mb	−93.710	−101.053	−1.339	4.096	4.111	3.933
	[−0.71]	[−0.77]	[−0.01]	[1.10]	[1.11]	[0.88]
C_edu	−2.394	−1.943	1.064	−0.042	−0.043	0.013
	[−0.82]	[−0.67]	[0.26]	[−0.51]	[−0.52]	[0.12]
D_edu	2.175	2.212	−5.149	0.012	0.012	−0.020
	[0.71]	[0.73]	[−1.24]	[0.14]	[0.13]	[−0.18]
C_age	−0.403	−0.222	−0.693	0.019*	0.019*	0.013
	[−1.04]	[−0.57]	[−1.33]	[1.73]	[1.68]	[0.99]
D_age	0.492	0.309	0.398	−0.002	−0.002	0.000
	[1.30]	[0.82]	[0.80]	[−0.21]	[−0.17]	[0.01]
C_gender	7.461	6.782	7.160	−0.058	−0.056	0.282
	[0.79]	[0.72]	[0.54]	[−0.22]	[−0.21]	[0.82]
D_gender	7.005	7.741	5.618	−0.526*	−0.528*	−0.852**
	[0.63]	[0.69]	[0.39]	[−1.66]	[−1.67]	[−2.27]
Constant	−285.589***	−296.702***	−280.925***	1.222	1.254	1.915
	[−6.19]	[−6.53]	[−4.56]	[0.94]	[0.98]	[1.20]
Fixed Effect	Yes	Yes	Yes	Yes	Yes	Yes
Industry	Yes	Yes	Yes	Yes	Yes	Yes
Observations	1 292	1 292	838	1 292	1 292	838
Adj. R^2	0.521	0.523	0.498	0.059	0.059	0.077
F value	21.97	22.08	12.85	5.27	5.27	5.08

注:括号内表示调整后的 t 值,***、**、* 分别表示在1%、5%和10%的显著性水平下显著(双尾检验)。

表 4-5　Panel B 高管变更前后,地缘关系、产权性质对内部控制质量的多元回归结果

Dep Var.	IC			ICW		
	(1)	(2)	(3)	(4)	(5)	(6)
Province	−6.090*			0.109*		
	[−1.78]			[1.75]		
Geodist		−0.545*	−6.531**		0.004*	0.054**
		[−1.70]	[−2.40]		[1.79]	[2.25]
Province×Soe	**0.425****			**−0.010****		
	[2.38]			**[−2.12]**		
Geodist×Soe		**0.002****	**0.868****		**−0.002*****	**−0.001****
		[2.19]	**[2.43]**		**[−2.80]**	**[−2.49]**
Dual	13.111**	6.560	9.886	−0.256	−0.249	−0.278
	[2.31]	[1.21]	[1.51]	[−1.59]	[−1.61]	[−1.62]
Turnov	−15.209	−13.462	−10.476	0.237	0.239	0.187
	[−1.19]	[−1.32]	[−1.55]	[1.55]	[1.57]	[1.12]
Soe	0.514	1.428	−5.856	−0.126	−0.101	−0.174
	[1.10]	[1.28]	[−0.91]	[−0.86]	[−0.69]	[−1.02]
Law	−3.127	−3.089	−2.907	0.319**	0.314**	0.281*
	[−0.67]	[−0.66]	[−0.49]	[2.38]	[2.35]	[1.80]
Size	39.081***	39.539***	40.917***	0.021	0.021	0.010
	[18.76]	[19.05]	[14.02]	[0.35]	[0.36]	[0.14]
First	15.294	18.379	15.558	−1.447***	−1.425***	−0.890*
	[1.05]	[1.27]	[0.85]	[−3.50]	[−3.46]	[−1.84]
Big	3.427	3.431	−3.507	0.094	0.104	0.040
	[0.81]	[0.81]	[−0.67]	[0.77]	[0.86]	[0.29]
Opinion	90.704***	89.725***	87.846***	−0.050	−0.016	−0.563
	[7.51]	[7.41]	[5.65]	[−0.14]	[−0.05]	[−1.37]
Share	1.808***	1.766***	1.921***	−0.012	−0.012	−0.022**
	[5.47]	[5.36]	[4.90]	[−1.32]	[−1.28]	[−2.13]

(续表)

Dep Var.	IC			ICW		
	(1)	(2)	(3)	(4)	(5)	(6)
Roa	442.313***	437.543***	389.020***	−0.305	−0.356	1.058
	[10.68]	[10.59]	[7.85]	[−0.26]	[−0.30]	[0.81]
Lev	−41.986***	−38.638***	−53.998***	0.549	0.559	0.886**
	[−3.31]	[−3.04]	[−3.49]	[1.52]	[1.55]	[2.17]
Mb	−99.465	−105.745	−10.583	3.928	3.956	3.843
	[−0.76]	[−0.81]	[−0.06]	[1.06]	[1.07]	[0.86]
C_edu	−2.880	−2.450	−0.215	−0.034	−0.030	0.029
	[−0.99]	[−0.84]	[−0.05]	[−0.41]	[−0.37]	[0.27]
D_edu	2.210	2.157	−4.766	0.017	0.027	−0.017
	[0.73]	[0.71]	[−1.16]	[0.20]	[0.32]	[−0.16]
C_age	−0.532	−0.367	−0.854*	0.020*	0.021*	0.015
	[−1.36]	[−0.93]	[−1.66]	[1.77]	[1.87]	[1.10]
D_age	0.534	0.345	0.527	−0.001	−0.001	0.001
	[1.42]	[0.92]	[1.07]	[−0.10]	[−0.08]	[0.06]
C_gender	7.837	7.115	7.658	−0.067	−0.068	0.261
	[0.84]	[0.76]	[0.59]	[−0.25]	[−0.26]	[0.76]
D_gender	8.503	9.172	8.157	−0.552*	−0.559*	−0.888**
	[0.76]	[0.82]	[0.57]	[−1.74]	[−1.76]	[−2.35]
Constant	−287.204***	−299.445***	−290.909***	1.128	0.964	1.774
	[−6.17]	[−6.52]	[−4.67]	[0.85]	[0.74]	[1.08]
Fixed Effect	Yes	Yes	Yes	Yes	Yes	Yes
Industry	Yes	Yes	Yes	Yes	Yes	Yes
Observations	1 292	1 292	838	1 292	1 292	838
Adj. R^2	0.530	0.530	0.513	0.060	0.065	0.077
F value	21.94	21.96	13.48	5.23	5.35	5.08

注：括号内表示调整后的 t 值，***、**、* 分别表示在1%、5%和10%的显著性水平下显著（双尾检验）。

表 4-5　Panel C 高管变更前后,地缘关系、外部连接对内部控制质量的多元回归结果

Dep Var.	IC			ICW		
	(1)	(2)	(3)	(4)	(5)	(6)
Province	-3.151**			0.077*		
	[-2.57]			[1.81]		
Geodist		-0.781**	-5.215*		0.002	0.040*
		[-2.39]	[-1.75]		[1.44]	[1.72]
Province× Fnet	11.490**			-0.095**		
	[2.13]			[-2.35]		
Geodist× Fnet		0.896*	5.959**		-0.013**	-0.026**
		[1.88]	[2.28]		[2.38]	[-1.26]
Fnet	7.103	-2.952	3.670	-0.171	-0.229	-0.000
	[1.12]	[-0.42]	[0.41]	[-0.96]	[-1.16]	[-0.00]
Dual	11.087*	4.407	7.920	-0.249	-0.241	-0.260
	[1.95]	[0.81]	[1.20]	[-1.55]	[-1.57]	[-1.52]
Turnov	-15.210	-13.409	-10.640	0.268	0.264	0.207
	[-1.48]	[-1.30]	[-1.46]	[1.28]	[1.15]	[1.24]
Soe	1.643	1.734	-5.813	-0.158	-0.152	-0.181
	[1.32]	[1.34]	[-0.89]	[-1.08]	[-1.04]	[-1.07]
Law	-3.289	-3.248	-4.406	0.327**	0.330**	0.288*
	[-0.70]	[-0.69]	[-0.74]	[2.46]	[2.48]	[1.86]
Size	38.670***	39.032***	39.924***	0.021	0.021	0.009
	[18.65]	[18.92]	[13.80]	[0.35]	[0.37]	[0.12]
First	21.429	24.919*	23.296	-1.511***	-1.532***	-0.918*
	[1.49]	[1.73]	[1.25]	[-3.71]	[-3.76]	[-1.89]
Big	4.133	4.348	-2.584	0.086	0.091	0.010
	[0.97]	[1.02]	[-0.48]	[0.71]	[0.76]	[0.07]

(续表)

Dep Var.	IC			ICW		
	(1)	(2)	(3)	(4)	(5)	(6)
Opinion	92.558***	90.016***	95.504***	−0.062	−0.048	−0.562
	[7.61]	[7.39]	[6.14]	[−0.18]	[−0.14]	[−1.39]
Share	1.640***	1.591***	1.767***	−0.013	−0.012	−0.022**
	[4.98]	[4.85]	[4.49]	[−1.35]	[−1.34]	[−2.13]
Roa	455.661***	453.328***	405.588***	−0.235	−0.221	1.070
	[11.02]	[10.99]	[8.18]	[−0.20]	[−0.19]	[0.83]
Lev	−39.268***	−36.216***	−51.927***	0.567	0.554	0.885**
	[−3.08]	[−2.83]	[−3.30]	[1.57]	[1.53]	[2.16]
Mb	−89.759	−96.566	−8.309	3.965	4.037	3.898
	[−0.68]	[−0.73]	[−0.05]	[1.07]	[1.08]	[0.87]
C_edu	−1.948	−1.431	0.534	−0.055	−0.051	0.010
	[−0.66]	[−0.49]	[0.13]	[−0.66]	[−0.61]	[0.09]
D_edu	1.939	1.827	−4.808	0.023	0.022	−0.018
	[0.63]	[0.59]	[−1.15]	[0.27]	[0.25]	[−0.16]
C_age	−0.368	−0.194	−0.664	0.018*	0.018*	0.014
	[−0.94]	[−0.50]	[−1.28]	[1.66]	[1.67]	[1.00]
D_age	0.471	0.293	0.391	−0.002	−0.002	0.000
	[1.25]	[0.78]	[0.79]	[−0.16]	[−0.15]	[0.01]
C_gender	8.412	7.988	7.178	−0.075	−0.054	0.282
	[0.89]	[0.85]	[0.54]	[−0.28]	[−0.20]	[0.82]
D_gender	5.948	6.446	5.348	−0.499	−0.517	−0.854**
	[0.53]	[0.57]	[0.37]	[−1.57]	[−1.63]	[−2.27]
Constant	−292.229***	−299.789***	−281.206***	1.303	1.217	1.905
	[−6.29]	[−6.59]	[−4.56]	[0.99]	[0.95]	[1.19]

(续表)

Dep Var.	IC			ICW		
	(1)	(2)	(3)	(4)	(5)	(6)
Fixed Effect	Yes	Yes	Yes	Yes	Yes	Yes
Industry	Yes	Yes	Yes	Yes	Yes	Yes
Observations	1 292	1 292	838	1 292	1 292	838
Adj. R^2	0.522	0.524	0.499	0.060	0.060	0.077
F value	21.3	21.42	12.49	5.24	5.25	5.05

注：括号内表示调整后的 *t* 值，***、**、* 分别表示在1%、5%和10%的显著性水平下显著(双尾检验)。

4.3.2 董事长与总经理非两职合一子样本的检验

如表4-6，高管两职合一是地缘关系最强的一种表现，前面的检验都是将其与非两职合一同时考察，而两职合一也会带来公司治理问题，影响到内部控制质量，因此稳健性检验中剔除了两职合一的样本重新进行了检验，结果依然稳定。

表4-6 Panel A 非两职合一，地缘关系对内部控制质量的多元回归结果

Dep Var.	IC			ICW		
	(1)	(2)	(3)	(4)	(5)	(6)
Province	−9.656*			0.042*		
	[−1.86]			[1.78]		
Geodist		−0.446*	−0.776**		0.002*	0.776**
		[−1.72]	[−2.30]		[1.68]	[2.30]
Turnov	−6.411**	−5.904*	−14.325***	0.008	0.006	−14.325***
	[−1.99]	[−1.85]	[−2.96]	[0.08]	[0.07]	[−2.96]
Soe	12.029**	11.656**	8.901	−0.145	−0.143	8.901
	[2.35]	[2.27]	[1.23]	[−0.98]	[−0.96]	[1.23]
Law	−3.718	−3.753	−17.276**	0.199	0.199	−17.276**
	[−0.62]	[−0.63]	[−2.00]	[1.15]	[1.15]	[−2.00]

(续表)

Dep Var.	IC			ICW		
	(1)	(2)	(3)	(4)	(5)	(6)
Size	36.525***	36.216***	24.090***	−0.264*	−0.262*	24.090***
	[6.84]	[6.78]	[2.90]	[−1.71]	[−1.69]	[2.90]
First	33.023	32.674	−37.496	−0.084	−0.081	−37.496
	[1.03]	[1.02]	[−0.75]	[−0.09]	[−0.09]	[−0.75]
Big	−10.964**	−11.434**	−19.341***	−0.046	−0.044	−19.341***
	[−2.45]	[−2.56]	[−3.12]	[−0.36]	[−0.34]	[−3.12]
Opinion	25.322**	25.052**	32.252**	−0.022	−0.021	32.252**
	[2.22]	[2.20]	[1.97]	[−0.07]	[−0.06]	[1.97]
Share	1.512***	1.489***	1.555***	−0.004	−0.004	1.555***
	[5.22]	[5.13]	[3.88]	[−0.52]	[−0.50]	[3.88]
Roa	490.734***	490.726***	378.276***	−0.638	−0.639	378.276***
	[14.30]	[14.29]	[7.59]	[−0.64]	[−0.64]	[7.59]
Lev	−72.363***	−71.797***	−53.400**	0.533	0.531	−53.400**
	[−4.19]	[−4.16]	[−2.10]	[1.07]	[1.06]	[−2.10]
Mb	242.818***	243.589***	243.261***	1.098	1.095	243.261***
	[5.55]	[5.57]	[5.08]	[0.87]	[0.86]	[5.08]
C_edu	−6.577*	−6.686*	1.576	−0.172*	−0.171	1.576
	[−1.82]	[−1.85]	[0.27]	[−1.65]	[−1.64]	[0.27]
D_edu	2.695	2.813	−7.790	−0.071	−0.071	−7.790
	[0.84]	[0.87]	[−1.09]	[−0.76]	[−0.76]	[−1.09]
C_age	0.585	0.584	1.137	0.006	0.006	1.137
	[1.22]	[1.21]	[1.65]	[0.45]	[0.46]	[1.65]
D_age	0.606	0.535	0.810	−0.015	−0.014	0.810
	[1.38]	[1.22]	[1.03]	[−1.14]	[−1.12]	[1.03]

(续表)

Dep Var.	IC			ICW		
	(1)	(2)	(3)	(4)	(5)	(6)
C_gender	−10.958	−10.607	21.267	−0.113	−0.116	21.267
	[−0.82]	[−0.79]	[0.95]	[−0.29]	[−0.30]	[0.95]
D_gender	−2.861	−1.541	15.162	0.234	0.229	15.162
	[−0.19]	[−0.10]	[0.54]	[0.53]	[0.52]	[0.54]
$Constant$	−161.738	−161.158	58.169	7.920**	7.911**	58.169
	[−1.43]	[−1.42]	[0.32]	[2.42]	[2.41]	[0.32]
$Fixed\ Effect$	Yes	Yes	Yes	Yes	Yes	Yes
$Year\ \&\ Industry$	Yes	Yes	Yes	Yes	Yes	Yes
$Observations$	3 175	3 175	1 581	3 175	3 175	1 581
$Adj.\ R^2$	0.188	0.188	0.162	0.042	0.042	0.051
$F\ value$	27.188	27.109	12.711	5.169	5.152	3.535

注：括号内表示调整后的 t 值，***、**、* 分别表示在1%、5%和10%的显著性水平下显著(双尾检验)。

表4-6 Panel B 非两职合一、地缘关系、产权性质对内部控制质量的多元回归结果

Dep Var.	IC			ICW		
	(1)	(2)	(3)	(4)	(5)	(6)
$Province$	−9.501*			0.035**		
	[−1.83]			[2.23]		
$Geodist$		−0.494*	−3.131*		0.001	0.061*
		[−1.76]	[−1.81]		[1.49]	[1.69]
$Province \times Soe$	1.263**			−0.006**		
	[2.36]			[−2.36]		
$Geodist \times Soe$		0.006**	1.648*		−0.001**	−0.014**
		[2.32]	[1.72]		[−2.08]	[−2.39]

(续表)

Dep Var.	IC			ICW		
	(1)	(2)	(3)	(4)	(5)	(6)
Soe	10.818**	11.649**	7.500	−0.148	−0.094	0.034
	[2.09]	[2.22]	[1.02]	[−0.98]	[−0.62]	[0.16]
Turnov	−6.611**	−6.470**	−14.018***	−0.007	−0.009	0.141
	[−2.04]	[−2.01]	[−2.88]	[−0.07]	[−0.09]	[1.03]
Law	−4.247	−4.426	−18.863**	0.186	0.194	0.115
	[−0.71]	[−0.74]	[−2.17]	[1.07]	[1.12]	[0.47]
Size	37.957***	37.486***	26.138***	−0.295*	−0.292*	−0.304
	[7.05]	[6.95]	[3.10]	[−1.88]	[−1.87]	[−1.29]
First	27.321	26.564	−39.568	0.138	0.141	−0.160
	[0.85]	[0.82]	[−0.79]	[0.15]	[0.15]	[−0.11]
Big	−9.141**	−9.751**	−18.236***	−0.051	−0.039	−0.374**
	[−2.02]	[−2.16]	[−2.92]	[−0.39]	[−0.30]	[−2.14]
Opinion	22.669**	24.730**	31.716*	−0.013	−0.021	0.330
	[1.99]	[2.17]	[1.94]	[−0.04]	[−0.06]	[0.72]
Share	1.557***	1.532***	1.589***	−0.005	−0.005	0.004
	[5.36]	[5.26]	[3.94]	[−0.60]	[−0.62]	[0.39]
Roa	487.650***	488.307***	373.794***	−0.588	−0.605	−0.520
	[14.22]	[14.22]	[7.50]	[−0.59]	[−0.61]	[−0.37]
Lev	−74.539***	−73.526***	−55.688**	0.567	0.580	0.812
	[−4.32]	[−4.26]	[−2.19]	[1.13]	[1.16]	[1.14]
Mb	242.581***	242.886***	241.766***	1.110	1.115	0.965
	[5.56]	[5.56]	[5.06]	[0.88]	[0.88]	[0.72]
C_edu	−6.498*	−6.734*	2.174	−0.178*	−0.169	−0.082
	[−1.78]	[−1.84]	[0.36]	[−1.67]	[−1.59]	[−0.49]

(续表)

Dep Var.	IC			ICW		
	(1)	(2)	(3)	(4)	(5)	(6)
D_edu	2.729	2.796	−8.310	−0.072	−0.074	0.247
	[0.84]	[0.86]	[−1.16]	[−0.77]	[−0.79]	[1.23]
C_age	0.520	0.507	1.105	0.007	0.008	−0.023
	[1.08]	[1.05]	[1.59]	[0.48]	[0.56]	[−1.17]
D_age	0.597	0.529	0.735	−0.012	−0.012	0.021
	[1.35]	[1.20]	[0.93]	[−0.90]	[−0.91]	[0.94]
C_gender	−6.913	−10.244	21.489	−0.134	−0.121	−0.314
	[−0.52]	[−0.77]	[0.96]	[−0.34]	[−0.31]	[−0.50]
D_gender	−2.461	−1.572	14.923	0.243	0.230	0.519
	[−0.16]	[−0.10]	[0.53]	[0.55]	[0.52]	[0.66]
Constant	−184.790	−178.137	25.634	8.319**	8.193**	6.577
	[−1.63]	[−1.57]	[0.14]	[2.52]	[2.49]	[1.28]
Fixed Effect	Yes	Yes	Yes	Yes	Yes	Yes
Year & Industry	Yes	Yes	Yes	Yes	Yes	Yes
Observations	3 175	3 175	1 581	3 175	3 175	1 581
Adj. R^2	0.216	0.214	0.183	0.044	0.046	0.047
F value	23.555	23.262	8.878	3.978	4.152	1.934

注：括号内表示调整后的 t 值，***、**、* 分别表示在1％、5％和10％的显著性水平下显著（双尾检验）。

表 4-6 Panel C 非两职合一，地缘关系、外部连接对内部控制质量的多元回归结果

Dep Var.	IC			ICW		
	(1)	(2)	(3)	(4)	(5)	(6)
Province	−8.229*			0.057*		
	[−1.63]			[1.67]		

(续表)

Dep Var.	IC			ICW		
	(1)	(2)	(3)	(4)	(5)	(6)
Geodist		−0.435	−0.779*		0.004	0.043*
		[−1.54]	[−1.71]		[1.54]	[1.69]
Province×Fnet	10.077**			−0.107*		
	[2.02]			[−1.82]		
Geodist×Fnet		0.167**	1.167**		−0.031*	−0.002**
		[2.26]	[2.28]		[−1.67]	[−2.01]
Fnet	3.770	−0.120	−13.967	0.099	−0.207	−0.124
	[0.60]	[−1.01]	[−0.94]	[0.55]	[−0.88]	[−0.90]
Turnov	−6.464**	−5.926*	−14.353***	0.005	0.008	0.121
	[−2.01]	[−1.85]	[−2.97]	[0.06]	[0.09]	[0.89]
Soe	12.199**	11.704**	9.133	−0.142	−0.136	0.027
	[2.38]	[2.28]	[1.26]	[−0.96]	[−0.92]	[0.13]
Law	−3.982	−3.796	−17.736**	0.195	0.194	0.105
	[−0.67]	[−0.64]	[−2.05]	[1.13]	[1.13]	[0.43]
Size	36.804***	36.310***	24.361***	−0.256*	−0.259*	−0.294
	[6.87]	[6.77]	[2.93]	[−1.65]	[−1.67]	[−1.26]
First	32.025	32.016	−38.065	−0.116	−0.135	−0.417
	[1.00]	[0.99]	[−0.77]	[−0.12]	[−0.14]	[−0.30]
Big	−10.880**	−11.520**	−18.870***	−0.049	−0.048	−0.387**
	[−2.43]	[−2.57]	[−3.03]	[−0.38]	[−0.37]	[−2.21]
Opinion	25.141**	24.916**	32.665**	−0.028	−0.032	0.339
	[2.21]	[2.18]	[1.99]	[−0.09]	[−0.10]	[0.73]
Share	1.509***	1.494***	1.573***	−0.004	−0.003	0.005
	[5.20]	[5.14]	[3.91]	[−0.51]	[−0.41]	[0.45]

(续表)

Dep Var.	IC			ICW		
	(1)	(2)	(3)	(4)	(5)	(6)
Roa	489.562***	490.866***	374.602***	−0.639	−0.649	−0.624
	[14.24]	[14.28]	[7.44]	[−0.64]	[−0.65]	[−0.44]
Lev	−72.141***	−71.437***	−53.949**	0.544	0.571	0.697
	[−4.17]	[−4.13]	[−2.12]	[1.09]	[1.14]	[0.97]
Mb	243.202***	243.903***	242.484***	1.111	1.126	0.924
	[5.56]	[5.57]	[5.06]	[0.88]	[0.89]	[0.68]
C_edu	−6.551*	−6.708*	1.773	−0.172	−0.175*	−0.074
	[−1.81]	[−1.86]	[0.30]	[−1.64]	[−1.67]	[−0.45]
D_edu	2.490	2.759	−8.236	−0.073	−0.081	0.232
	[0.77]	[0.85]	[−1.15]	[−0.78]	[−0.87]	[1.15]
C_age	0.597	0.588	1.137	0.006	0.007	−0.023
	[1.24]	[1.22]	[1.65]	[0.46]	[0.52]	[−1.20]
D_age	0.603	0.537	0.783	−0.015	−0.014	0.019
	[1.37]	[1.23]	[0.99]	[−1.15]	[−1.09]	[0.86]
C_gender	−10.650	−10.550	21.472	−0.111	−0.104	−0.303
	[−0.80]	[−0.79]	[0.96]	[−0.29]	[−0.27]	[−0.48]
D_gender	−2.740	−1.376	14.717	0.243	0.236	0.513
	[−0.18]	[−0.09]	[0.52]	[0.55]	[0.53]	[0.65]
Constant	−168.534	−163.395	55.445	7.748**	7.801**	6.713
	[−1.48]	[−1.44]	[0.30]	[2.35]	[2.37]	[1.31]
Fixed Effect	Yes	Yes	Yes	Yes	Yes	Yes
Year & Industry	Yes	Yes	Yes	Yes	Yes	Yes
Observations	3 175	3 175	1 581	3 175	3 175	1 581
Adj.R^2	0.210	0.209	0.180	0.045	0.046	0.047
F value	22.344	22.254	8.537	3.982	4.088	1.926

注:括号内表示调整后的 t 值,***、**、* 分别表示在1%、5%和10%的显著性水平下显著(双尾检验)。

4.3.3 采用 TSLS 的检验

考虑到内控质量和公司治理往往是内生决定的,因此内生性问题是一个非常重要且必须解决的问题。我们参考陆瑶和胡江燕(2014)、Fracassi 和 Tate(2012)在处理 CEO 与董事之间关系强弱变量中存在的内生性问题的做法,构建的工具变量为衡量公司董事长或总经理因外在原因离职的情况(Leave)以及社会信任(Trust)。因为外在原因离职会影响高管地缘的变化而对企业内部控制一般不会有直接的影响。同时社会信任也是较为外生的,会影响所有者是否因合谋动机导致聘请地缘较近的 CEO,而这一决策对企业内部控制通常不会造成直接影响。表 4-7 报告了工具变量的相关性检验、外生性检验和第二阶段回归结果。在相关性检验中,F 值大于 10,这意味着选取的工具变量满足相关性条件,在工具变量外生性检验中过度识别约束 p 值大于 0.10,这意味着不能拒绝这两个工具变量不具有外生性的原假设,工具变量外生性检验得以通过。相关性条件和外生性条件的满足为本文使用工具变量的有效性提供了强有力的证据。使用工具变量后,主要变量结果仍保持稳定。

表 4-7 地缘关系对内部控制质量的工具变量两阶段回归结果

Dep Var.	IC			ICW		
	(1)	(2)	(3)	(4)	(5)	(6)
Province	−21.802***			3.602***		
	[−3.43]			[2.80]		
Geodist		−16.768**	−19.295***		0.271*	1.167*
		[−2.07]	[−2.80]		[1.82]	[1.90]
Dual	−100.481***	−113.053*	−54.258**	1.810***	1.931*	0.810*
	[−3.18]	[−1.94]	[−2.31]	[2.77]	[1.80]	[1.93]
Turnov	13.159	5.554	−2.885	−0.145	−0.003	0.196*
	[1.58]	[0.54]	[−0.45]	[−0.84]	[−0.01]	[1.72]
Soe	−7.135*	11.550	−16.545**	−0.114	−0.417**	−0.046
	[−1.77]	[1.12]	[−2.53]	[−1.36]	[−2.19]	[−0.40]

(续表)

Dep Var.	IC			ICW		
	(1)	(2)	(3)	(4)	(5)	(6)
Law	14.516***	3.715	−3.779	−0.109	0.073	0.065
	[2.91]	[0.63]	[−0.71]	[−1.06]	[0.68]	[0.68]
Size	34.699***	34.465***	43.271***	−0.148***	−0.140**	−0.226**
	[15.06]	[9.77]	[7.89]	[−3.09]	[−2.16]	[−2.31]
First	26.604**	−5.012	50.735**	−0.740***	−0.223	−1.009***
	[2.11]	[−0.23]	[2.34]	[−2.83]	[−0.56]	[−2.61]
Big	1.806	12.680	−9.593	0.030	−0.146	0.157
	[0.48]	[1.64]	[−1.47]	[0.38]	[−1.03]	[1.35]
Opinion	78.259***	36.106	66.583***	−0.452**	0.229	−0.129
	[7.19]	[1.41]	[4.15]	[−2.01]	[0.49]	[−0.45]
Share	1.975***	1.830***	1.604***	−0.005	−0.002	−0.008
	[7.29]	[4.54]	[4.00]	[−0.85]	[−0.33]	[−1.13]
Roa	357.232***	510.757***	409.305***	1.687*	−0.851	1.421*
	[8.46]	[7.82]	[8.65]	[1.93]	[−0.71]	[1.68]
Lev	−38.076***	−22.021	−84.824***	0.634***	0.376	1.395***
	[−3.59]	[−1.25]	[−4.16]	[2.88]	[1.16]	[3.83]
Mb	184.156***	201.505**	59.217	−0.592	−0.825	0.644
	[3.06]	[2.19]	[0.91]	[−0.47]	[−0.49]	[0.55]
C_edu	−2.351	4.475	10.701**	0.030	−0.081	−0.076
	[−0.95]	[1.04]	[2.26]	[0.60]	[−1.03]	[−0.90]
D_edu	9.344**	9.530	−8.715**	−0.159**	−0.154	0.036
	[2.38]	[1.52]	[−2.31]	[−1.96]	[−1.34]	[0.54]
C_age	1.242**	2.055	−0.578	−0.023*	−0.035	0.005
	[2.08]	[1.55]	[−1.34]	[−1.84]	[−1.42]	[0.68]

(续表)

Dep Var.	IC			ICW		
	(1)	(2)	(3)	(4)	(5)	(6)
D_age	−0.759	−2.408	0.026	0.019*	0.044	0.001
	[−1.50]	[−1.57]	[0.06]	[1.78]	[1.58]	[0.11]
C_gender	0.830	−66.796*	23.945*	0.003	1.093*	−0.116
	[0.11]	[−1.86]	[1.84]	[0.02]	[1.66]	[−0.50]
D_gender	−16.998	−68.821*	14.229	0.200	1.025	−0.238
	[−1.43]	[−1.89]	[0.96]	[0.81]	[1.53]	[−0.90]
Constant	−306.425***	92.222	−260.022***	6.547***	−0.098	4.583***
	[−3.63]	[1.13]	[−2.90]	[3.74]	[−0.07]	[2.86]
Fixed Effect	Yes	Yes	Yes	Yes	Yes	Yes
Year & Industry	Yes	Yes	Yes	Yes	Yes	Yes
Observations	4 167	4 167	2 530	4 167	4 167	2 530
Adj. R^2	0.24	0.14	0.13	0.23	0.14	0.13
F value	65.98	98.08	32.21	67.64	29.94	28.33
弱工具变量检验 F	48.82	18.89	7.59	48.82	18.89	7.593
J 检验(p 值)	2.24(p=0.12)	1.73(0.18)	0.19(0.66)	2.28(0.13)	1.69(0.19)	0.01(0.89)

注：括号内表示调整后的 t 值，***、**、* 分别表示在1%、5%和10%的显著性水平下显著（双尾检验）。

5 小结

伴随市场经济的迅猛发展，经济一体化的进程逐渐加快，先进、科学的信息技术在企业中的地位越来越突出，随之而来的企业风险也在逐渐加剧。作为企业管理的一种重要手段，内部控制在控制和防范企业的经营风险和财务风险过程中发挥着重要作用，是保证企业经营效率以及实现可持续发展的重要环节，因此，提高内部控制质量成为企业经营管理成功的关键，如何提升企业内部控制质量也随之成为研究问题的焦点。

有别于已有研究从企业财务活动和经营管理活动等方面探讨内部控制质量的影响因素,本研究从非正式制度安排视角,根据中国上市公司2007—2013年的相关数据,实证检验了高管关系治理模式对上市公司内部控制质量的影响,发现强化内部关系治理即建立高管间的地缘关系会损害企业内部控制质量;进一步地,内部关系治理对内部控制质量的作用效果在国有企业与非国有企业中呈现差异,即国有企业中地缘关系对内部控制质量产生的消极影响弱于非国有企业,而高管外部网络的建立与规模有助于缓解高管地缘关系对内部控制质量的抑制作用。尤其对于资源匮乏和政府支持较少的非国有企业而言,高管间亲近的地缘关系往往会严重损害企业的内部控制质量;而高管可通过外部关系治理提高内部控制质量,从而改善企业经营管理效率。

本研究结论表明,董事长和总经理亲近的地缘关系会导致二者的合谋行为,造成内部控制质量降低,进而对企业价值和市场表现产生消极影响;然而,高管的外部连锁任职可以有效改善内部控制质量,对董事长与总经理因内部合谋对内部控制质量产生的消极影响有调节作用。因此,企业所有者在管理层成员选拔与任用决策中应重视关系治理的优缺点,扬长避短,使得高管的人事安排有利于提升公司治理效率,进而提升内部控制质量。

第 5 章　高管地缘关系与企业投资效率

1　引言

人们在初次交往时,容易寻找某种关系或共同点,诸如地缘、学缘、同姓缘等。如果正好契合,感情自然更加深厚。通常,这种契合除了带给当事人喜悦外,更多的是一种亲切和信任感。因此,"缘"在中国文化中有着很重要的地位,基本释义为"发生联系的机会",是形成"关系"的基础,有了关系便增加了成功的可能性与便利性,地缘就是其中一种。例如,素未谋面的两个人可以因为同乡的缘分而攀上关系;"老乡见老乡,两眼泪汪汪"体现了同乡之间才有的情谊;山西商号以地缘为主的东伙制,财东、掌柜、伙计、学徒等层次一律为同乡,绝不雇佣外乡人,也不雇佣财东亲戚、宗族子弟,这也体现了地缘关系异于其他关系导致的不同境遇。即便是在倡导"契约精神"、讲求"制度化"的市场经济社会,这种"关系"的作用依然不可小觑。La Porta 等(1998)针对"法与金融"的关系做了一系列的研究发现,一国的法律起源、投资者保护(包括法律执行力)等对金融市场发展和公司治理具有重要的影响。然而 Allen 等(2005)对中国经济转轨过程中法律和金融市场的实证研究结果并不支持"法与金融"研究范式的结论。由于历史、政治、教育等因素,使得我国形成了目前典型的"强政府、弱市场"格局。经济迅速发展的同时,也带来了法治不足、信息不透明、市场化程度较低且不均衡等一系列问题;加之各地宗教、文化等差异,使得仅依靠西方制度解决中国企业全部问题明显心有余而力不足。在我国正式制度尚未健全的情况下,社会关系和社会资本等方面的替代性制度可以在一定程度上弥补这一不足。与正式制度不同,这些非正式制度起作用完全依靠人的主观行为,源于人与人之间在"关系"上的差别,而这些差别正是"缘"文化潜移默化的结果。

目前,许多学者将"关系"研究拓展至经济领域,深入研究政企间、企业间关系及其影响,其中也不乏外国学者扎根中国背景研究"关系"的影响,但是基于传统文化的视角去探索企业内部、微观层面的"关系"及其影响研究并不多见。因此,本研究可能的贡献主要有以下几点:首先,拟在法律等正式制度框架内回答如下问题,"地缘"这一非正式制度是否能在企业经营中发挥作用?其对企业资源配置效率方面带来何种影响?从"地缘关系"这一新视角审视企业内部,着力研究地缘关系对企业投资效率的影响,拓展和深化了已有关于企业投资行为研究的分析框架。其次,基于不同产权形式、企业地域背景下,探寻公司如何调整高管结构以适应环境变化,旨在解释何种企业对管理层地缘关系更为关切,并从企业不同指标分析管理层地缘分布的差异及其对投资行为及效率的影响差异。最后,尝试引入其他学科的解释,如地缘经济理论、高管梯队理论与社会学理论等,在地缘关系和投资效率上得出了"地缘关系越深、投资效率越低"的结论,希望能够对中国企业高管选任策略及团队配置具有一定的借鉴意义——即如何利用"地缘"来提高公司投资效率,也许能从一个较新的角度观察中国企业内部治理的影响因素及其作用。

2 理论推导与研究假设

企业由于自身产权性质、规模、所在地及所属行业差异等呈现出不同特征,因此对地缘关系考量应关注上述属性变化。不同地缘关系及其引申出来的语言、文化、饮食、风俗及习惯等都会对企业代理成本产生影响,进而改变企业经营的某些方面。优秀的团队需要富于不带情感的思想撞击,而在地缘上高度一致的高管团队很有可能会错过因思想撞击而产生的进步机会。在相同地缘关系作用下,人的思想相互融合、同化,同一地域的人更有可能产生相同的价值观、相似的思维模式以及更高的彼此认同感,给企业带来缺少辩论、视野不够全面等问题。从委托代理的角度讲,现代企业普遍存在所有权与经营权分离的现象,不可避免地产生代理问题(尤其是国有企业)。地缘关系深的高管组合还有可能缺少监督制衡,为了自身利益合谋而侵占其他股东利益,Francis(2013)跨国研究发现代理问题会降低公司治理效率,进而影响企业的投资效率,损害企业价值。相反,地缘关系浅的高管间合作反而能为企业输入新的思维,投资也更为谨慎。由此我们推断地缘关系越深(紧密)的高管,越有可能快速做出投资决策,使得决策不够缜密,导致投资效率低下。据此,我们提出假设。

假设 1:高管间地缘关系越深(紧密),则企业投资效率越低。

最终控制人不同也会导致国有企业和非国有企业在管理、投资、运营等方面存在较大差异,特别是国有企业在所有者缺位情况下,由于内部自有资金重新配置缺乏外部融资所需的严格审核监督,在内部治理机制和外部治理环境不佳的情况下,国有企业内部人倾向于过度投资(魏明海和柳建华,2007)。而民企董事长与总经理不少是二职合一的,聘请地缘关系的职业经理人进行管理,这种地缘优势通常体现在信任与信息传递方面。徐莉萍等(2006)认为与地方所属国有企业相比,中央直属国有企业面临着更为严厉的监管,因为其更可能在其控股的上市公司中发挥一个控股股东应有的监督职能,即中央国企由于受到国资委、证监会等多方监管,投资约束较多,投资更为谨慎。而地方国企受到地方保护主义影响,削弱了国企常见的投资约束,地方政府对地方国企的控制受到地区间 GDP 横向竞争,容易下达旨在繁荣地方经济的政策和指令,促使企业做出低效投资行为,降低企业投资效率。考虑到国有企业普遍存在薪酬管制,与创造性活动带来的有限收益相比,在职消费等隐性收益更吸引国企管理者(陈冬华等,2005)。管理者很可能为了更便利地获取隐性收益,任用易与自己地缘关系紧密的人,从而在未来做出风险较低的投资决策。据此提出进一步假设。

假设 2:相比民营企业,国有企业高管间地缘关系对投资效率影响更明显。

假设 3:相比地方国有企业,中央国有企业高管间地缘关系对投资效率影响更明显。

董事长与企业紧密度往往会对地缘关系与企业投资效率二者产出重要影响。当企业不处于董事长出生(或成长)地所在省份时,董事长个人人际关系也许不足以支撑整个企业,这时多任用关系网络丰富的本地高管更利于企业发展,董事长与总经理间地缘关系看似就会显得相对疏远;反之,董事长本身就具有所在地区得天独厚网络优势,任用自由度扩大,而如此一来,通过任用与自己地缘关系紧密的人,可以构建自身绝对权力。因此,若董事长与企业较疏远,董事长与总经理的地缘关系对投资效率的抑制作用会加剧。据此提出进一步假设:

假设4:相比同省企业,董事长不在同省的企业高管间地缘关系对投资效率影响更明显。

3 研究设计

3.1 样本选择与数据来源

研究样本为2003—2013年沪深两地交易所挂牌交易的A股上市公司。根据研究需要,对原始数据进行了筛选:①研究需以高管个人详细资料为基础,因此剔除高管信息缺失严重的样本;②剔除其他财务变量缺失的样本;③剔除金融类上市公司样本。考虑到异常值问题,我们对连续控制变量在1%水平上进行WINSORIZE处理。

我们依据CSMAR上市公司数据库高管信息(名单、任期等),通过招股说明书、公司年报、公司网站、新浪财经、金融界等公开渠道手工收集其个人资料,再根据高管出生(或成长)所在地的经纬度量化高管间的距离以刻画地缘关系深浅,主要财务数据来源于CSMAR上市公司数据库。

3.2 模型设计与变量设定

参考Richardson(2006)预期投资模型,在考虑投资机会和融资约束的基础上分离出维持性投资、预期投资和过度投资,通过"行业—年"回归来估计企业当年正常投资额。

$$I_{exp,it} = a_0 + a_1 Invoppt_{it-1} + a_2 Size_{it-1} + a_3 ROA_{it-1} + a_4 Return_{it-1} + \\ a_5 Lev_{it-1} + a_6 Age_{it-1} + a_7 Money_{it-1} + a_8 I_{new,it-1} + Year_{it} + Ind_{it} + \mu_i \quad (5.1)$$

其中,μ_i代表公司个体效应,若μ_i和其他解释变量相关,则采用固定效应

(Fixed Effect)模型;若 μ_i 和其他解释变量无关,则采用随机效应(Random Effect)模型。我们用资产平减后的实际投资与预计投资的残差绝对值来替代投资效率 $Investeff_{it}$(即 $|I_{total,it} - I_{exp,it}|/AT_{it}$,理论上 $Investeff_{it}$ 越小则投资效率越高)。根据 Hausman 检验结果,模型采用固定效应进行估计,回归检验模型如下:

$$Investeff_{it} = \beta_0 + \beta_1 Distance_{it}(Province_{it}) + \beta_2 Central_{it} + \beta_3 Central_{it} \times Distance_{it}(Province_{it}) + CV_{it-1} + \varepsilon_t \tag{5.2}$$

$$Investeff_{it} = \beta_0 + \beta_1 Distance_{it}(Province_{it}) + \beta_2 SOE_{it} + \beta_3 SOE_{it} \times Distance_{it}(Province_{it}) + CV_{it-1} + \varepsilon_t \tag{5.3}$$

$$Investeff_{it} = \beta_0 + \beta_1 Distance_{it}(Province_{it}) + \beta_2 DP_{it} + \beta_3 DP_{it} \times Distance_{it}(Province_{it}) + CV_{it-1} + \varepsilon_t \tag{5.4}$$

其中,被解释变量为投资效率($Investeff$),解释变量为高管间地缘关系,通过两个维度来刻画地缘,第一个为同乡关系($Province$),即高管出生或成长地在同省即为同乡;另一个为高管间距离($Distance$),用高管出生或成长所在地间距离表示。而高管出生或成长地需要精确到地级市,通过两种方法[①]来确定:第一种最为精确,使用从公开资料收集到的高管出生或成长地信息;第二种精度略弱,由于有些高管出生或成长地信息无法获得,使用该高管专科以下的就读地点进行替代,因为高管该阶段就读地点一般接近家乡所在地。在确定了地点后,通过 Google Earth 取得该地的经纬度信息,即可计算董事长与总经理间的地理距离。变量及其定义如表 5-1:

表 5-1 变量定义

符号	含义	定义
被解释变量		
I_{total}	总投资	现金流量表中投资活动净现金流量的相反数除以本年度总资产

---

① 利用居民身份证号前六位来判定地点不失为一种较优的方法,但是收集难度较大,一定比例的高管在 1985 年实行居民身份证首次登记时已过 16 周岁,正在外就学或谋生而就地申领身份证件,推算的地点与真实出生或成长地信息可能出入较大,因此未将其纳入收集方法。

(续表)

符号	含义	定 义
I_{exp}	预期投资	模型(1)计算出的结果
I_m	维持性投资	现金流量表附注中固定资产折旧和无形资产摊销之和除以本年度总资产
I_{new}	新投资	$I_{new} = I_{total} - I_m$
$Investeff$	投资效率	总资产平减后的实际投资与预计投资的残差绝对值,$\lvert I_{total,it} - I_{exp,it} \rvert / AT_{it}$
解释变量		
$Province$	同乡关系	若董事长与总经理的出生或成长地在同省则取1,否则为0
$Distance$	高管间距离	董事长与总经理出生或成长地间的距离,以百公里为单位
交互变量		
SOE	产权性质	国有企业定义为1,民营企业定义为0
$Central$	国企性质	中央国企定义为1,地方国企定义为0
Dp	董事长与公司分离度	公司所在地与董事长出生或成长地在不在同省定义为1,否则为0
控制变量		
$Size$	企业规模	总资产账面价值的自然对数
Lev	资产负债率	负债总额除以总资产
ROA	总资产收益率	会计收益除以总资产
$Invoppt$	投资机会	过去两年平均销售增长率
$Return$	股票回报	股票年回报率
$Money$	现金持有水平	资产负债表货币资金除以总资产
MB	市账比	总资产市场价值与总资产账面价值的比值
Dir	独立董事比例	独立董事人数占董事总人数的比值
$Insti$	机构投资者比例	机构投资者持股数与公司股票总数的比值

(续表)

符号	含义	定义
Year	年度控制变量	年度控制变量,从 2003—2013 共 11 年,设置 10 个控制变量
Ind	行业控制变量	行业控制变量,制造业按二级分类,其他行业按一级分类

4 实证检验

4.1 描述性统计

根据表 5-2 的描述性统计来看,用第一种地缘确定方法获得 4 673 个样本,第二种方法获得 6 016 个样本,两种方法下指标特征基本相近,表中列示了第二种地缘确定方法的其他变量描述性结果①。不难发现,大部分高管层是同乡关系(62%、57%),大部分企业与其董事长拥有相同地缘(73%),国有企业依然占有主导地位(72%)。总体上看,样本企业不存在明显的非效率投资。

表 5-2 主要变量的描述性统计

变量	样本数	均值	标准差	25%分位数	中位数	75%分位数
$Investeff$	6 016	0.01	0.10	−0.04	0.02	0.07
$Province1$	4 673	0.62	0.48	0	1	1
$Distance1$	4 673	3.75	11.63	0	0.10	6.37
$Province2$	6 016	0.57	0.50	0	1	1
$Distance2$	6 016	4.77	9.02	0	0.49	8.11
Dp	6 016	0.73	0.34	0	1	1
$Central$	6 016	0.22	0.47	0	0	0

---

① 虽然高管地缘有效样本数仅在全样本整体的 25%左右,但是通过对两类样本从规模、负债率、资产收益率和市场收益角度的均值比较,我们发现最终有效样本和全样本之间不存在显著差异,表明虽然受到数据获取的限制,样本有所收窄但是其分布形态与全样本公司整体结构相似,结果具有一定的普适性。

(续表)

变量	样本数	均值	标准差	25%分位数	中位数	75%分位数
SOE	6 016	0.72	0.41	0	1	1
$Size$	6 016	21.54	1.23	20.80	21.37	22.06
Lev	6 016	0.54	0.25	0.37	0.54	0.71
Roa	6 016	0.15	0.31	0.02	0.04	0.08
$Invoppt$	6 016	0.38	0.61	0.05	0.19	0.43
$Return$	6 016	0.30	0.86	−0.26	0.08	0.51
$Money$	6 016	0.18	0.14	0.09	0.16	0.22
$Insti$	6 016	24.35	24.62	2.57	16.02	42.37
Dir	6 016	0.33	0.06	0.30	0.33	0.34
Mb	6 016	3.30	3.22	1.58	2.46	4.08

4.2 回归分析

我们使用沪深 A 股上市公司 2003—2013 年数据进行回归分析,主要回归分析中对自变量进行滞后一期出来解决同期相关问题,考虑到遗漏变量导致的内生性问题,使用公司层面固定效应模型进行控制。表 5.3 第 1、第 2 列验证了同乡关系与投资效率负相关($Investeff$ 越小,投资效率越高),说明高管间同乡关系会降低投资效率;表 5-3 第 3、第 4 列也验证了高管间出生(或成长)地间距与投资效率负相关($Investeff$ 越小,投资效率越高;$Distance$ 越小,地缘关系越深),表明距离缩短也对投资效率有负面作用,说明董事长与总经理间地缘关系越亲密会导致公司投资效率降低,不利于公司长远发展。从控制变量来看,规模系数显著为负,表明规模越大则投资效率越高;负债率和资产收益率系数显著为正,表明负债率和资产收益率越大则投资效率越低。

基于产权性质不同考量地缘关系对投资效率的影响,表 5-4 的第 1、第 2 列验证了同乡关系与投资效率负相关,从交乘项符号说明国企影响更为显著,均在 5% 水平上显著;表 5-4 的第 3、第 4 列从高管间出生(或成长)地间距这一维度也得出了相同的结果,均在1%水平上显著。从控制变量来看,与上表系数符号和显著性相似,总体而言,结果支持假设2。

表5-3 管理层地缘与投资效率的多元回归结果

变量	预期符号	(1)	(2)	(3)	(4)
$province1$	+	0.012 9*			
		[1.71]			
$province2$	+		0.021 8***		
			[4.41]		
$Distance1$	−			−0.010 5***	
				[−3.74]	
$Distance2$	−				−0.035 1**
					[−2.31]
SOE	?	0.046 5	0.059 1	0.053 7	0.090 3
		[1.29]	[1.36]	[1.33]	[1.56]
$Size$	−	−0.154 8***	−0.155 3***	−0.157 8***	−0.168 5***
		[−3.61]	[−3.61]	[−3.61]	[−3.66]
Lev	+	0.704 5***	0.685 3***	0.685 1***	0.620 9***
		[3.68]	[3.66]	[4.64]	[4.58]
ROA	+	0.905 8***	0.921 4***	0.888 9***	0.842 2***
		[3.66]	[3.68]	[3.65]	[3.62]
$Invoppt$	?	−0.023 9	−0.023 0	−0.022 9	−0.026 2
		[−0.17]	[−0.17]	[−0.17]	[−0.19]
$Return$	?	0.019 3**	0.016 6***	0.022 5	0.023 6
		[2.18]	[3.16]	[1.21]	[1.22]
$Money$	+	0.428 0***	0.377 6***	0.443 4***	0.381 7***
		[6.21]	[6.15]	[6.16]	[6.13]
$Insti$	?	−0.002 4	−0.002 0	−0.002 7	−0.001 7
		[−0.56]	[−0.47]	[−0.64]	[−0.40]

(续表)

变量	预期符号	(1)	(2)	(3)	(4)
Dir	?	0.7032	0.6932	0.8542	0.7501
		[0.43]	[0.42]	[0.51]	[0.46]
MB	?	−0.0414***	−0.0422***	−0.0426***	−0.0474***
		[−2.82]	[−2.86]	[−2.79]	[−3.05]
常数项	?	−0.7207***	−0.7962***	−0.6849***	−0.7628***
		[−4.95]	[−4.97]	[−4.94]	[−4.96]
年度、行业效应		控制	控制	控制	控制
固定效应		控制	控制	控制	控制
样本数		4 673	6 016	4 673	6 016
调整拟合优度		0.123	0.127	0.144	0.153
F 值		14	15	17	16

注：***、**、* 分别表示显著性水平为1%、5%和10%，[ ]代表系数的 t 值。

表5-4　国企与民企间管理层地缘与投资效率的多元回归结果

变量	预期符号	(1)	(2)	(3)	(4)
SOE	+	0.0666**	0.0577**	0.0419*	0.0422**
		[2.20]	[2.50]	[1.72]	[2.60]
$Province1$	+	0.1131***			
		[3.57]			
$Province2$	+		0.1716		
			[1.20]		
$Distance1$	−			−0.0334**	
				[−2.35]	
$Distance2$	−				−0.0534***
					[−3.69]
$SOE \times Province1$	+	0.4480**			
		[2.48]			

(续表)

变量	预期符号	(1)	(2)	(3)	(4)
$SOE \times Province2$	+		0.2517**		
			[2.42]		
$SOE \times Distance1$	−			−0.0596***	
				[−6.16]	
$SOE \times Distance2$	−				−0.0770***
					[−3.89]
$Size$	−	0.5813***	0.5831***	0.5949***	0.5948***
		[2.89]	[5.28]	[6.23]	[5.70]
Lev	+	−0.2274**	−0.2197***	−0.2293***	−0.2397***
		[−2.42]	[−3.62]	[−3.36]	[−3.49]
ROA	+	−0.0249	−0.2394	−0.2399	−0.2530
		[−0.29]	[−0.39]	[−0.37]	[−0.41]
$Invoppt$	?	−0.2013	−0.1892	−0.2219	−0.2164
		[−1.03]	[−1.13]	[−1.34]	[−1.36]
$Return$	?	0.0938	0.0960	0.1140	0.1164
		[0.79]	[1.02]	[1.33]	[1.35]
$Money$	+	0.5606***	0.5532***	0.5133***	0.5371***
		[4.21]	[4.65]	[4.67]	[4.70]
MB	?	−0.0361	−0.0365*	−0.0404*	−0.0410*
		[−1.44]	[−1.70]	[−1.82]	[−1.92]
$Insti$	?	−0.0061	−0.0056	−0.0058	−0.0057
		[−1.21]	[−1.41]	[−1.49]	[−1.40]
Dir	?	0.1086	0.1109	0.1173	0.1273
		[0.66]	[0.96]	[0.97]	[1.03]
常数项	?	−0.1232***	−0.1242***	−0.1241***	−0.1232***
		[−2.85]	[−6.57]	[−7.20]	[−7.00]
年度、行业效应		控制	控制	控制	控制

(续表)

变量	预期符号	(1)	(2)	(3)	(4)
固定效应		控制	控制	控制	控制
样本数		4 673	6 016	4 673	6 016
调整拟合优度		0.156	0.169	0.107	0.145
F 值		23	21	25	24

注：***、**、*分别表示显著性水平为1%、5%和10%，[ ]代表系数的 t 值。

区分国企隶属性质考察地缘关系对投资效率的影响时，表5-5的第1、第2列验证了同乡关系与投资效率负相关，从交乘项符号说明央企较地方国企影响更为显著，均在10%水平上显著；表5-5的第3、第4列从高管间出生（或成长）地间距离这一维度也得出了相同的结果，在1%和5%水平上显著。从控制变量来看，与上表系数符号和显著性相似，总体而言，结果支持假设3。

表5-5 地方国企与中央国企间管理层地缘与投资效率的多元回归结果

变量	预期符号	(1)	(2)	(3)	(4)
$Central$	−	−0.003 6**	−0.030 1	−0.002 2*	−0.004 3
		[−2.24]	[−1.50]	[−1.79]	[−1.25]
$province1$	+	0.001 5*			
		[1.80]			
$province2$	+		0.006 1*		
			[1.82]		
$Distance1$	−			−0.003 3**	
				[−2.36]	
$Distance2$	−				−0.021 4*
					[−1.67]
$Central \times province1$	+	0.004 2*			
		[1.76]			
$Central \times province2$	+		0.046 5*		
			[1.78]		

(续表)

变量	预期符号	(1)	(2)	(3)	(4)
$Central \times Distance1$	−			−0.046 1***	
				[−3.25]	
$Central \times Distance2$	−				−0.028 4**
					[−2.31]
$Size$	−	0.058 3***	0.086 3***	0.053 5***	0.061 3***
		[2.98]	[5.18]	[8.16]	[5.99]
Lev	+	−0.127 4**	−0.219 7***	−0.176 2***	−0.213 8***
		[−2.50]	[−3.12]	[−3.42]	[−3.33]
ROA	+	−0.025 8	−0.369 4	0.364 2	0.222 6
		[−1.29]	[−1.09]	[0.83]	[0.35]
$Invoppt$	?	−0.203 2***	−0.187 4***	−0.371 6***	−0.191 8
		[−3.42]	[−3.73]	[−4.73]	[−1.17]
$Return$	?	0.083 8	0.096 8	0.086 9	0.106 6
		[1.41]	[0.79]	[1.02]	[1.15]
$Money$	+	0.560 6***	0.553 4***	0.476 7***	0.537 0***
		[3.21]	[6.42]	[4.65]	[4.78]
MB	?	−0.015 6	−0.016 5*	−0.010 5	−0.035 7
		[−1.54]	[−1.73]	[−0.48]	[−1.59]
$Insti$	?	−0.005 1	−0.004 5	−0.004 6*	−0.004 8
		[−1.32]	[−1.49]	[−1.80]	[−1.29]
Dir	?	0.087 3	0.100 8	0.007 5	0.011 5
		[0.86]	[0.67]	[0.88]	[0.99]
常数项	?	−0.083 2***	−0.504 2***	−0.110 9***	−0.129 0***
		[−3.95]	[−6.87]	[−8.58]	[−7.18]
年度、行业效应		控制	控制	控制	控制
固定效应		控制	控制	控制	控制

(续表)

变量	预期符号	(1)	(2)	(3)	(4)
样本数		3 271	3 730	3 271	3 730
调整拟合优度		0.189	0.196	0.141	0.144
F 值		60	61	86	86

注：***、**、*分别表示显著性水平为1%、5%和10%，[ ]代表系数的 t 值。

表5-6　董事长是否同省管理层地缘与投资效率的多元回归结果

变量	预期符号	(1)	(2)	(3)	(4)
DP	−	−0.0125**	−0.078 3**	−0.067 8**	−0.055 5**
		[−2.13]	[−2.37]	[−2.16]	[−2.48]
$Province1$	+	0.006 1**			
		[2.15]			
$Province2$	+		0.003 0***		
			[5.16]		
$Distance1$	−			−0.006 7***	
				[−5.94]	
$Distance2$	−				−0.003 3***
					[−4.89]
$DP \times Province1$	+	0.074 7**			
		[2.45]			
$DP \times Province2$	+		0.012 5**		
			[2.61]		
$DP \times Distance1$	−			−0.093 6**	
				[−2.52]	
$DP \times Distance2$	−				−0.075 1**
					[−2.65]
$Size$	−	0.056 4***	0.058 5***	0.056 2***	0.0578***
		[5.83]	[5.69]	[5.98]	[5.97]

(续表)

变量	预期符号	(1)	(2)	(3)	(4)
Lev	+	−0.208 2***	−0.206 4***	−0.203 3***	−0.195 2***
		[−3.47]	[−3.64]	[−3.22]	[−3.35]
ROA	+	−0.337 8	−0.250 1	−0.255 9	−0.287 4
		[−0.50]	[−0.39]	[−0.40]	[−0.45]
Invoppt	?	−0.180 6	−0.182 4	−0.187 9	−0.196 8
		[−1.04]	[−1.07]	[−1.11]	[−1.19]
Return	?	0.108 1	0.102 9	0.116 0	0.112 9
		[1.10]	[1.06]	[1.22]	[1.18]
Money	+	0.543 2***	0.539 1***	0.355 2***	0.440 0***
		[4.48]	[4.77]	[4.56]	[4.58]
MB	?	−0.034 9*	−0.035 6*	−0.036 0*	−0.035 8*
		[−1.82]	[−1.68]	[−1.76]	[−1.73]
Insti	?	−0.006 0*	−0.005 2	−0.006 3	−0.004 9
		[−1.82]	[−1.46]	[−1.65]	[−1.28]
Dir	?	0.108 9	0.090 5	0.111 0	0.010 2
		[0.98]	[0.82]	[0.93]	[0.85]
常数项	?	−0.119 2***	−0.125 1***	−0.124 4***	−0.126 0***
		[−6.57]	[−6.82]	[−7.24]	[−7.18]
年度、行业效应		控制	控制	控制	控制
固定效应		控制	控制	控制	控制
样本数		4 673	6 016	4 673	6 016
调整拟合优度		0.096	0.098	0.103	0.108
F 值		51	51	53	54

注：***、**、*分别表示显著性水平为1%、5%和10%，[ ]代表系数的 t 值。

同理，在对董事长与企业亲密度交互关系来考量地缘关系对投资效率的影响时，表5-6的第1、第2列验证了同乡关系与投资效率负相关，从交乘项符号说明董事长不在同省的企业高管间地缘关系影响更为显著，均在5%水平上显著；表5-6

的第 3、第 4 列从高管间出生(或成长)地间距这一维度也得出了相同的结果,均在 5% 水平上显著。从控制变量来看,与上表系数符号和显著性相似,总体而言,结果支持假设 4。

4.3 稳健性检验

4.3.1 民营企业样本测试

我们通过优化实验环境的方式进行稳健性测试。众所周知,这两种产权性质的企业中高管选任制度有很大区别,民营企业的自主性更强一些,更支持我们的假设,因此,在稳健性测试中首先剔除国有企业样本,以民营企业的数据测试假设的稳健性。剔除国有企业样本后,均值检验表现出更明显的地缘差异,与董事长具有亲密地缘关系的企业中高管间距离远小于和董事长出生或成长所在非同省的企业,回归分析同样支持假设,证明我们结论具有稳健性。

4.3.2 主要变量重新衡量

投资效率的衡量分为资产负债表和现金流量表法两种,由于中国 R&D 数据严重缺失,资产负债表法得到的投资效率有所偏差,通过对面板数据回归,得到的回归结果显著性有所下降,但系数方向与预期一致。地缘关系中距离变量的衡量,将 $Distance$ 由百公里改为对数化处理后,得到的回归结果仍然稳定。

5 小结

我们尝试从地缘关系视角探索这一非正式制度对企业投资效率的作用机制及影响效果,基于手工收集的沪深 A 股上市公司 2003—2013 年地缘关系数据开展实证研究发现:第一,国有企业中董事长与总经理出生或成长地的平均距离普遍小于民营企业,并且地方国企较央企的高管间距离更近。第二,当企业所在地与董事长的出生或成长地在同省(紧密度)时,即该企业处于董事长的关系网络范围内,董事长更愿意聘用与自己地缘紧密的总经理,此时董事长与总经理间的平均距离明显小于企业所在地与董事长地缘不深的企业,并且样本中绝大多数企业位于其董事长出生或成长所在省,他们之间存在亲密的地缘关系,这也体现出了明显的地理偏好,即董事长更愿意在家乡创业或者国资委在向国有企业委派高管时也倾向选择当地人做管理者。第三,企业内董事长与总经理间地缘关系越深,该企业的投资效率越低;国有企业中的这一关系较民营企业更明显;中央国有企业中二者的关系较地方国有企业更明显;董事长不在同省的企业高管间地缘关系对投资效率影响更明显。这或许是因为出生或成长地相近的人之间的一致性对创新能力的束缚可能会随企业向外扩展而越发明显,因而降低了投资效率。从"管理者权力"角度看,这种高管间的亲密关系一旦结成统一战线,极易导致管理层权力过分膨胀而缺乏约束力量,代理问题加重,企业追求价值最大化的目标被扭曲,为了个人利益诉求,管理层决策时降低对投资效率的关注。因此,企业应该根据自身情况适时地调整高管选拔策略,避免陷入行为惯性中。

第 6 章　高管地缘关系与股价崩盘风险

1　引言

2015 年中国 A 股市场的大震荡,向人们显示了不寻常的股价崩盘风险。2015 年 6 月 12 日上证指数达到了 5 178.19 的高点,而 6 月 12 日之后至 7 月 9 日的 18 个交易日里 A 股市场单边下跌的最大跌幅达 35% 左右。数天之内历经所谓"千股跌停、千股涨停、千股停牌"的现象,指数几被腰斩,短短三周内股市蒸发的市值约达 21 万亿元,A 股市场短期内经历暴涨、暴跌、保卫战等一系列震荡,其冲击力非比寻常,不少人称之为"股灾"。这一现象引发了不少学者对股价崩盘风险的关注,探索造成股价崩盘的影响因素。

基于"掏空"、期权、晋升等原因(Kim 等,2011a,2011b;Piotroski 和 Zhang,2014),管理层会选择性披露公司负面消息而造成外部投资者与公司内部的信息不对称,随着未被披露的负面消息的累计及瞬间释放会导致股价崩盘风险。相关文献将股价崩盘风险的影响因素分为两类:一类是公司内部特征,如公司透明度(Hutton 等,2009;潘越等,2011)、高管期权激励(Kim 等,2011b)、宗教信仰(Callen 和 Fang,2015)、公司避税(Kim 等,2011a;江轩宇,2013)、高管个体特征(刘鑫和薛有志,2016)、内部控制信息披露(叶康涛等,2015)、过度投资(江轩宇和许年行,2015)、社会责任(权小锋等,2015)等;另一类是公司外部因素,如强制使用 IFRS 准则(DeFond 等,2011)、政治事件(Piotroski 和 Zhang,2014)、分析师(许年行等,2012)、机构投资者(Callen 和 Fang,2013;许年行等,2013)、媒体报道(罗进辉和杜兴强,2014)、投资者保护(王化成等,2014)、外部审计(江轩宇和伊志宏,2013;万东灿,2015)等。

尽管现有文献提及制度环境对股价崩盘风险会产生深远影响,但鲜有基于文化视角的探索。Zingales(2015)指出,金融经济学的研究正在经历一场文化变革,金融经济学领域的研究应考虑从文化视角来阐释,文化与金融的交叉研究便逐渐成为学者关注的热点。不同于西方国家强调制度在经济运行过程中的重要性,中国企业的经营过程中更多地融入了文化思想。Yeung 和 Tung(1996)、Xin 和 Pearce(1996)等认为中国新兴市场经济中关系文化往往对公司治理结构与效率产生重要影响。赵龙凯等(2016)发现在中国经营的不同合资国文化差异会对公司决策(盈余管理)产生影响。

从关系文化解读公司治理行为也被称为关系治理,包括内部关系治理(公司内部高管之间的亲属关系、老乡关系等)和外部关系治理(连锁任职的高管等)。内部而言,关系治理作用的发挥在于高管之间"关系"的差别。由于历史、地理与政治的差异化,中国的文化呈现出国内区域性特征,因此,地域文化会对中国公司的经济行为产生重要影响。地域文化在公司内通常表现为高管的地缘关系(即老乡),这种天然人际关系不仅会增加彼此的信任,还有助于沟通与协调。然而尽管董事长和总经理的同乡关系可以降低代理成本(戴亦一等,2016),但两者"高效"的沟通与协调也会提高公司风险水平和违规倾向(陆瑶和胡江燕,2014,2016)。因此,地缘关系既可能是公司运营的润滑剂,也可能是公司风险的催化剂。那么,这样一种重要的公司内部关系对公司的信息披露会存在怎样的影响呢?在差异化的正式与非正式制度环境下,这一关系又是否存在差异呢?

针对上述两方面问题,本研究选取 2003—2014 年我国 A 股上市公司为样本,考察了高管间地缘关系是否影响上市公司股价崩盘风险,并进一步考察法律环境与文化传统对两者关系的影响。研究发现:①高管之间亲密的地缘关系会提升公司股价崩盘风险;②不健全的法律环境会加剧高管地缘关系与公司股价崩盘风险之间的关系;③较强的文化传统也会加剧高管地缘关系与公司股价崩盘风险之间的关系。另外,作用机制的探索显示,会计信息透明度、过度投资与税收激进是上述作用的重要渠道。

本研究可能有三方面贡献:第一,本研究为地缘关系治理的经济后果研究提供了新的视角。不同于以往文献侧重于从公司内部经济效率(如代理成本、风险水平、违规倾向)考察地缘关系治理的经济后果,本研究从股价崩盘风险视角,通过考察市场股价的非对称性波动,展示了公司高管的行为策略及其市场反应。本研究为关系治理经济后果的研究提供了文献补充。第二,本研究为股价崩盘风险的影响因素研究提供了关系文化角度的研究证据。相关学者从公司内部特征和外部因素分析和考察了其对股价崩盘风险的影响,但这些研究多从正式制度安排的角度进行剖析,并未考察关系文化这一非正式安排的影响。第三,本研究为公司治理结构安排与高管选任提供了一定的参考与借鉴。本研究结论表明地缘关系治理对公司信息披露有负面影响,由此公司股东在高管选任时有必要加入地缘关系的考虑。

2 理论推导与研究假设

本研究选择从地缘关系这一非正式制度安排的视角分析其对股价崩盘风险的影响。William 和 O'Reilly(1998)指出,人们有意识或者无意识地喜欢与类似特征的人交往互动。而地缘关系就是其中一种重要的特征。在我国社会文化的基础关系——差序格局中,地缘是仅次于血缘的重要关系,决定了人们交往的亲疏远近(费孝通,1985)。在现代商业社会中,地缘关系为个体提供了近似的生活经历和文化背景,使得互相之间更容易沟通和交往,从而形成抱团组织(陆瑶和胡江燕,2014)。这种由于地缘关系导致的文化认同和情感沟通,还可能对公司治理产生重要影响。戴亦一等(2016)提供的证据表明,董事长和总经理之间的由于地理原因形成的相同方言,可以构成文化纽带,降低双方的信息不对称,减少委托代理成本。类似的,Yu 等(2017)的证据表明,董事长和总经理之间的地缘关系可以提供两者之间的信任程度,降低薪酬契约中事前的逆向选择和事后的道德风险。因此从文化认同和私人信任角度看,地缘关系可能会降低董事长和经理之间的信息不对称,从而减少机会主义行为。

从研究脉络看,当董事长和CEO之间存在紧密联系时,第一类委托代理问题往往较轻,例如,家族企业中董事长和CEO都来自家族成员时,大大减轻企业的第一层代理问题(许静静和吕长江,2011)。但是,此时也往往意味着第二类委托代理问题的增加(魏明海等,2013),紧密的关系可能导致两者之间的合谋成本较低,利益更为一致,从而产生共同的、针对外部股东的机会主义行为(贺小刚等,2010)。同时,地缘关系带来的相互信任只限于个体之间。陆瑶和胡江燕(2014)发现董事长和 CEO 之间的老乡关系可以显著增加公司的风险水平,其理由在于两者之间紧密的相互关系降低了公司治理中监督机制的作用。由此可见,地缘关系也可能增加第二类代理问题,即地缘关系可能加剧董事长与总经理之间的勾结,滋生舞弊行为,加剧外部投资者和公司之间的信息不对称问题;并且"坏消息"也更容易被隐藏,进而提高因隐藏负面消息导致的股价崩盘风险。据此,我们提出研究假设 1。

假设 1:高管地缘关系越近,公司股价崩盘风险越高。

市场经济制度的不断完善,有助于降低正式制度安排的交易成本,进而有效抑制非正式制度安排——关系经济造成的代理成本。历史、地理与政治的差异化使中国地区经济呈现差异化,不同地区的市场化进程不尽相同。因此,关系经济在处于不同地区的上市公司发挥的作用也存在明显异质性。樊纲等(2011)从五个方面对各省、自治区、直辖市的市场化进程进行全面比较,其中一个方面是市场中介组织的发育和法律制度环境,数据表明不同地区的法律制度环境存在显著差异化。具体到地缘关系,在不同的法律环境中,地方政府监管制度的完善程度与执行力度会显著地影响董事长和 CEO 之间由于地缘关系带来的合谋可能,进而降低对负面信息的隐瞒程度和概率,使得公司股价崩盘风险下降。市场或媒体披露报道公司负面消息会加剧对股价崩盘风险的影响作用(罗进辉和杜兴强,2014)。当公司所处地区法律制度环境水平较低,即公司因隐瞒负面消息的惩罚成本较低时,公司高管越容易以地缘关系为纽带而建立起勾结关系,使得高管合谋隐瞒负面消息的可能性增大,进一步提升了公司潜在的股价崩盘风险。综上所述,我们提出研究假设 2。

假设 2:公司所在地区的法律环境越不完善,高管地缘关系对公司股价崩盘风险的影响会越强。

随着东亚经济奇迹的出现,儒家文化对经济的影响作用也逐渐成为学者关注的焦点(Metzger,1977;Kahn,1979;De Bary,1988)。作为儒家文化的发源地,中国儒家文化经历了几千年的历史传承,其对个人、家族、利益集团的社会网络和社会结构产生了深远影响。尽管儒家文化对中国经济的崛起发挥了重要作用,但随着市场经济的发展和政治制度的不断完善,儒家文化对经济也产生了消极的影响。儒家文化过于强调"熟人"之间的信任,使得"陌生人"之间缺乏信任,阻碍了现代市场中的职业分工与合作(Fukuyama,1995)。"人情"与"面子"在中国市场的重要性,并不简单的因为这是中国人的内生偏好,而在于它们是一个"聚焦点",人们都会按照这个规则来确定权利和义务关系。即便那些讨厌"人情"与"面子"规则的人,他们也不得不从个人利益考虑,服从这套协调机制(刘梦岳,2017)。儒家文化的"和为贵"思想成为社会普适价值观,然而,这种观念对深受儒家文化影响的管理者来说,一旦"熟人"之间产生意见分歧,为了"人情"与"面子",双方会彼此包容,握手言和,而如此"谦让"往往会提升对高管错误决策的容忍度,降低公司治理效率,提升信息隐瞒的可能。据此,我们提出研究假设3。

假设3:公司所在地区的文化传统越强,高管地缘关系对公司股价崩盘风险的影响会越强。

3 研究设计

3.1 样本选择与数据来源

本研究以2003—2015年在沪深两交易所挂牌交易的A股上市公司为初选样本。根据需要,对原始数据依次进行了如下筛选:①剔除了创业板的上市公司;②由于金融类行业的财务数据特征与其他行业存在显著差别,故剔除这类上市公司;③由于需判断上市公司是否国有,因此根据上市公司披露的终极控制人资料无法确定是国有还是私有的公司予以剔除;④研究高管地缘时需要高管的个人信息,因此剔除信息缺失的公司;⑤剔除ST或PT的公司年度。

公司高管地缘数据由我们根据上市公司年报披露的高管信息手工收集整理而得,通过CSMAR数据库整理分类,也得到实际控制人性质及公司财务数据。儒家文化变量来自凤凰出版社、教育出版社、上海书店出版社、巴蜀书社等(1991)编撰的《中国地方志集成》,法律环境指数来自樊纲等(2011)编撰的《中国市场化指数》。考虑到异常值对整体数据影响,对于连续控制变量,我们在1%水平上进行WINSORIZE处理。

3.2 模型设计与变量设定

参考 Kim 等(2011a,2011b)、许年行等(2012)以及王化成等(2015),设计回归模型(6.1)检验研究假设,模型(6.1)如下:

$$Ncskew_t(Duvol_t) = \alpha_0 + \alpha_1 Tun_{t-1} + \sum Control + \sum Year + \sum Industry + \varepsilon_t \quad (6.1)$$

变量定义如下:

3.2.1 被解释变量:公司的股价崩盘风险

目前国内外主要有三种方法衡量公司的股价崩盘风险(Chen 等,2001;Hutton 等,2009;Kim 等,2011a,2011b;李小荣和刘行,2012;许年行等,2012,2013;王化成等,2015)。本研究报告前两种度量方法的回归结果,第三种度量方法的结果在稳健性测试中简要交代,并与许年行等(2012)、许年行等(2013)、王化成等(2015)一致。

计算公司的股价崩盘风险,需要首先计算出每个上市公司股票 j 在 t 周的独特周回报率。独特周回报率记为 $W_{j,t}$。$W_{j,t}=\text{Log}(1+\varepsilon_{j,t})$,其中 $\varepsilon_{j,t}$ 为模型(6.2)的回归残差。模型(6.2)中,$r_{j,t}$ 为每一年度股票 j 在 t 周的回报率,$r_{m,t}$ 为每一年度整体股票市场在 t 周的回报率,此外还加入整体股票市场周回报率的两期滞后项($r_{m,t-2}$、$r_{m,t-1}$)和两期超前项($r_{m,t+1}$、$r_{m,t+2}$),以控制股票非同步性交易的影响。模型(6.2)如下:

$$r_{j,t} = \alpha + b_{1j}r_{m,t-2} + b_{2j}r_{m,t-1} + b_{3j}r_{m,t} + b_{4j}r_{m,t+1} + b_{5j}r_{m,t+2} + \varepsilon_{j,t} \quad (6.2)$$

随后,计算公司的股价崩盘风险。第一种度量股价崩盘风险的方法($Ncskew$),根据公式(6.3)求得。其中,n 为上市公司股票 j 在一年中交易的周数。公式(6.3)如下:

$$Ncskew_{j,t} = -[n(n-1)^{3/2}\sum W_{j,t}^3]/[(n-1)(n-2)(\sum W_{j,t}^2)^{3/2}] \quad (6.3)$$

第二种度量股价崩盘风险的方法($Duvol$),根据公式(6.4)求得。其中,n_u、n_d分别为上市公司股票j在一年中上涨和下跌的周数。$\sum_d W_{j,t}^2$、$\sum_u W_{j,t}^2$分别为上市公司股票j在一年中股票上涨和下跌周独特周回报率的平方和。公式(6.4)如下:

$$Duvol_{j,t} = Log\{[(n_u-1)\sum_d W_{j,t}^2]/[(n_d-1)\sum_u W_{j,t}^2]\} \tag{6.4}$$

$Ncskew$ 与 $Duvol$ 的数值越大,表明股票回报率分布的偏度更大,左偏更严重,对应了更大的股价崩盘风险。

3.2.2 解释变量:高管之间的地缘关系

目前国内文献主要通过两个维度来刻画高管之间的地缘关系($AreaRe$),以衡量管理层内部文化、理念的异质性程度(陆瑶和胡江燕,2014;俞俊利等,2015;陆瑶和胡江燕,2016;Yu 等,2017),具体为:董事长与总经理同省关系的虚拟变量($AreaRe1$);地理距离($AreaRe2$),即通过 Google Earth 取得出生地经纬度信息计算所得的百公里负数,使得与 $AreaRe1$ 度量地缘关系保持方向一致。

3.2.3 交互变量

Law 表示公司所在地区的法律环境,以中国市场化指数中的法律环境分指标衡量;$Culture$ 表示公司所在地区的儒家文化传统,以孔庙、学堂、祠堂、进士数、忠孝数、烈女数的主成分指标衡量(Kung 和 Ma,2014);$East$ 表示公司所处是否属于东部沿海地区(制度经济地域性的替代变量);$Shangbang$ 表示公司所处是否属于浙、粤、皖、晋传统商帮地区(文化传统地域性的替代变量);$Compacct$ 表示报表可比性,通过计算两公司预期盈余差异绝对值平均数的相反数,与同行业内按大小排序其他公司的会计信息可比性(De Franco 等,2011;胥朝阳和刘睿智,2014);$Overinv$ 表示过度投资程度,通过企业投资模型估计残差正值的滚动三年均值(江轩宇和许年行,2015);$Taxagg$ 表示避税行为激进度,采用固定效应残差法计算的账面与实际税收差异(金鑫和雷光勇,2011)。

3.2.4 控制变量

本研究在模型中控制了以下关键影响因素(CV):Soe 表示公司产权性质,$Dual$ 表示董事长与总经理两职合一的情况,$Size$ 表示公司规模,$First$ 表示大股东持股比例，Hhi 表示股权集中度，Roa 表示公司资产收益率，Lev 表示公司资产负债率，Mb 表示公司市账比，$Firmage$ 表示公司上市年限，C_edu、D_edu、C_age、D_age、C_gender、D_gender 分别表示总经理和董事长的教育背景、年龄和性别。上述回归模型中，我们还控制了年度和行业固定效应。模型如下：

$$Ncskew_{it}(Duvol_{it}) = \alpha + b_1 AreaRe_{it-1} + CV_{it-1} + \varepsilon_t \qquad (6.5)$$

$$Ncskew_{it}(Duvol_{it}) = \alpha + b_1 AreaRe_{it-1} + b_2 Law_{it-1} \\ + b_3 Law_{it-1} \times AreaRe_{it-1} + CV_{it-1} + \varepsilon_t \qquad (6.6)$$

$$Ncskew_{it}(Duvol_{it}) = \alpha + b_1 AreaRe_{it-1} + b_2 Culture_{it-1} + b_3 Culture_{it-1} \times \\ AreaRe_{it-1} + CV_{it-1} + \varepsilon_t \qquad (6.7)$$

若研究假设 1 成立，则地缘关系（$AreaRe$）的系数 b_1 应该显著为正；若研究假设 2 成立，则地缘关系与法律环境交乘项（$Law_{it-1} \times AreaRe_{it-1}$）的系数 b_3 应该显著为负；若研究假设 3 成立，则地缘关系与文化传统交乘项（$Culture_{it-1} * AreaRe_{it-1}$）的系数 b_3 应该显著为正。

4 实证检验

4.1 描述性统计

表 6-1 显示的是除了年度控制变量以及行业控制变量外，模型中涉及变量的描述性统计。

表 6-1 主要变量描述性统计

Variable	N	mean	S.D.	min	p25	p50	p75	max
Ncskew	20 399	−0.380	0.690	−2.490	−0.750	−0.340	0.040	1.530
Duvol	20 399	−0.320	1.790	−6.440	−0.560	0.240	0.660	1.580
AreaRe1	20 399	0.400	0.490	0	0	0	1	1

(续表)

Variable	N	mean	S.D.	min	p25	p50	p75	max
AreaRe2	20 399	−0.530	0.610	−2.400	−0.930	−0.400	0	0
Ncskew_t0	20 399	−0.360	0.690	−2.490	−0.730	−0.340	0.0400	1.550
Dturn	20 399	0.100	0.080	0.010	0.040	0.080	0.140	0.380
Sigma	20 399	0.050	0.020	0.020	0.030	0.040	0.060	0.110
Wret	20 399	−0.001	−0.001	0.000	−0.001	−0.000	0.000	0.001
Law	20 399	8.410	2.051	2.600	6.930	8.480	10.250	11.800
Culture	20 399	0.430	1.300	−1.110	−0.410	0.340	0.830	1.050
East	20 399	0.330	0.470	0	0	0	1	1
Shangbang	20 399	0.140	0.340	0	0	0	0	1
Compacct	20 399	−0.010	0.010	−0.040	−0.010	0	0	0
Overinv	20 399	0.021	0.033	0	0.010	0.026	0.034	0.147
Taxagg	20 399	0.020	0.020	−0.030	0.010	0.020	0.020	0.130
Size	20 399	21.850	1.400	18.92	20.91	21.66	22.56	26.95
Mb	20 399	3.310	3.320	0.710	1.530	2.390	4.040	19.860
Lev	20 399	0.500	0.230	0.060	0.330	0.500	0.640	1.360
Roa	20 399	0.040	0.060	−0.250	0.010	0.030	0.060	0.220
Abacc	20 399	0.020	0.120	−0.440	−0.030	0.010	0.060	0.420
Dual	20 399	0.370	0.480	0	0	0	1	1
First	20 399	0.380	0.150	0.090	0.260	0.380	0.480	0.750
Hhi	20 399	2.060	1.010	1	1.340	2	2.270	6.450
Firmage	20 399	12.850	5.110	3	9	12	16	28
C_edu	20 399	1.890	0.890	1	1	2	3	3
D_edu	20 399	1.860	0.890	1	1	2	3	3

(续表)

Variable	N	mean	S.D.	min	p25	p50	p75	max
C_age	20 399	47.47	6.360	33	43	47	52	63
D_age	20 399	50.95	6.900	35	46	50.95	56	68
C_gender	20 399	0.940	0.230	0	1	1	1	1
D_gender	20 399	0.960	0.200	0	1	1	1	1

可以发现,崩盘风险中的 $Ncskew(Duvol)$ 均值分别为 -0.380 与 -0.320,其中最小值为 -2.490 与 -6.440,最大值为 1.530 与 1.580,标准差 0.690 与 1.790 较小,说明样本公司不存在明显的非崩盘风险。高管地缘指标中的 $AreaRe1$ ($AreaRe2$) 均值为 0.400 与 -0.530,标准差为 0.490 与 0.610,可以看出上市公司中高管地缘分布存在普遍差异。产权性质(Soe)的均值为 0.670,说明大部分样本公司是国有公司,法律环境(Law)均值为 8.410,文化传统($Culture$)均值为 0.430。其他控制变量也处于正常范围。各主要变量(包括因变量、自变量、控制变量)的相关系数从中可以看出股价崩盘风险与高管地缘显著正相关,与法律环境显著负相关,与文化传统显著正相关,这一发现与预期一致。

4.2 回归结果

4.2.1 高管地缘关系与股价崩盘风险

表 6-2 报告了研究假设 1 的检验结果。模型控制了公司固定效应、行业固定效应和年份固定效应,模型回归调整后的 R^2 在 0.09 以上,F 统计值在 10 以上,模型具有较好的拟合优度。第 1~3 列是股价崩盘风险($Ncskew$)对高管地缘关系($AreaRe$)的回归结果;第 4~6 列是股价崩盘风险($Duvol$)对高管地缘关系($AreaRe$)的回归结果,其中,第 3、第 6 列是在同省地缘样本下地缘距离对股价崩盘风险的影响。可以看出,高管地缘($AreaRe$)的系数始终为正,且在 1%、5% 或 10% 的水平下显著。即高管的地缘关系越近,公司的股价崩盘风险越高,这与研究假设 1 相符。$Ncskew\_t0$、$Size$、MB、Roa、Lev 为正且显著,与李增泉等(2011)一致,表明上期的崩盘风险、企业规模、市帐比、资产收益率和资产负债率与当期的股

价崩盘风险正相关。$Dturn$、$First$ 为负且显著,与王化成等(2015)一致,表明换手率和第一大股东持股与当期的股价崩盘风险负相关。

表 6-2 高管地缘关系对公司股价崩盘

Dep Var.	Ncskew			Duvol		
	(1)	(2)	(3)	(4)	(5)	(6)
AreaRe1	0.020***			0.057**		
	(3.53)			(2.16)		
AreaRe2		0.003**	0.004***		0.034*	0.076***
		(2.28)	(3.05)		(1.66)	(2.99)
$Ncskew\_t0$	0.043***	0.043***	0.026	0.006	0.007	0.024*
	(5.84)	(5.86)	(1.61)	(1.40)	(1.47)	(1.71)
$Dturn$	−0.314***	−0.316***	−0.585**	−1.391***	−1.395***	−1.465***
	(−2.91)	(−2.93)	(−2.46)	(−6.45)	(−6.47)	(−2.91)
$Wret$	197.678***	198.076***	266.638***	3 015.263***	3 013.689***	3 307.650***
	(9.01)	(9.02)	(5.22)	(68.85)	(68.81)	(30.64)
$Size$	0.013**	0.013**	0.046*	0.198***	0.198***	0.266***
	(2.29)	(2.27)	(1.73)	(9.61)	(9.60)	(4.75)
Mb	5.927***	5.939***	3.438	7.079**	7.004**	14.958*
	(3.58)	(3.59)	(0.89)	(2.14)	(2.12)	(1.84)
Lev	0.102**	0.101**	0.088	0.134*	0.135*	0.322*
	(2.55)	(2.53)	(0.96)	(1.68)	(1.70)	(1.66)
Roa	0.091*	0.092*	0.221	1.925***	1.928***	2.918***
	(1.83)	(1.85)	(1.09)	(9.91)	(9.93)	(6.85)
$Abacc$	−0.116***	−0.116***	−0.063	−0.124	−0.127	−0.051
	(−2.64)	(−2.64)	(−0.67)	(−1.42)	(−1.45)	(−0.26)
$First$	−0.119*	−0.120*	−0.091	−0.778***	−0.782***	−1.249***
	(−1.82)	(−1.83)	(−0.60)	(−5.96)	(−5.99)	(−3.90)

(续表)

Dep Var.	Ncskew			Duvol		
	(1)	(2)	(3)	(4)	(5)	(6)
Hhi	−0.008	−0.008	0.002	−0.040***	−0.041***	−0.037
	(−1.23)	(−1.23)	(0.18)	(−3.06)	(−3.06)	(−1.24)
Firmage	0.003	0.003	0.075**	−0.044**	−0.044**	−0.495***
	(0.30)	(0.32)	(2.34)	(−2.34)	(−2.36)	(−7.31)
C_edu	−0.007	−0.007	−0.022	0.040**	0.039**	0.038
	(−0.78)	(−0.76)	(−0.94)	(2.34)	(2.30)	(0.77)
D_edu	0.009	0.010	0.016	0.033**	0.029*	−0.172***
	(1.11)	(1.20)	(0.54)	(1.97)	(1.75)	(−2.78)
C_age	−0.000	0.000	−0.003	−0.000	−0.000	−0.002
	(−0.02)	(0.00)	(−1.12)	(−0.02)	(−0.05)	(−0.30)
D_age	−0.000	0.000	−0.002	0.003	0.003	−0.004
	(−0.06)	(0.01)	(−0.71)	(1.22)	(1.13)	(−0.65)
C_gender	−0.014	−0.013	−0.009	0.155**	0.154**	0.278*
	(−0.39)	(−0.38)	(−0.12)	(2.25)	(2.23)	(1.65)
D_gender	−0.008	−0.009	−0.154	0.020	0.022	0.328*
	(−0.20)	(−0.22)	(−1.64)	(0.24)	(0.26)	(1.65)
Dual	−0.005	−0.012	−0.023	−0.066**	−0.090***	−0.001**
	(−1.28)	(−1.73)	(−1.53)	(−2.01)	(−2.85)	(−1.99)
Constant	0.139	0.139	−1.328**	−12.019***	−11.995***	−10.505***
	(0.57)	(0.57)	(−2.06)	(−24.89)	(−24.83)	(−7.69)
Fixed Effect	Yes	Yes	Yes	Yes	Yes	Yes
Year & Industry	Yes	Yes	Yes	Yes	Yes	Yes
Observations	20 399	20 399	8 092	20 399	20 399	8 092
Adj. R^2	0.100	0.100	0.095	0.475	0.475	0.509
F value	64.079	64.000	14.817	59.930	59.817	46.412

注：括号内表示调整后的 t 值，***、**、* 分别表示在1%、5%和10%显著性水平下显著（双尾）。

4.2.2 法律环境的调节作用

表 6-3 报告了研究假设 2 的检验结果。结果显示,高管地缘关系(AreaRe)的系数为正且显著,而高管地缘与法律环境交乘项(AreaRe1×Law、AreaRe2×Law)的系数均为负且显著。即法律制度环境越强,越有助于缓解高管地缘关系对股市崩盘风险的消极影响,与研究假设 2 的预期一致①。这一结果表明,相关法律制度的完善与有效执行可以有效抑制因高管地缘关系产生的代理问题,进而降低企业股价崩盘风险。这一发现为"建立法治的市场经济"的必要性也提供了一定证据支持。

表 6-3 高管地缘关系、法律环境与公司股价崩盘风险

Dep Var.	Ncskew			Duvol		
	(1)	(2)	(3)	(4)	(5)	(6)
AreaRe1	0.011***			0.013***		
	(3.51)			(3.36)		
AreaRe1×Law	**−0.017****			**−0.108****		
	(−2.27)			**(−2.40)**		
AreaRe2		0.003***	0.041***		0.049*	0.038***
		(3.18)	(3.44)		(1.66)	(3.62)
AreaRe2×Law		**−0.010****	**−0.013****		**−0.027***	**−0.157****
		(−2.02)	**(−2.35)**		**(−1.70)**	**(−2.06)**
Law	−0.014	−0.013	0.053	0.058	0.022	0.116
	(−0.56)	(−0.48)	(1.30)	(1.14)	(0.41)	(1.34)
CV	Yes	Yes	Yes	Yes	Yes	Yes
Fixed Effect	Yes	Yes	Yes	Yes	Yes	Yes
Year & Industry	Yes	Yes	Yes	Yes	Yes	Yes

---

① 限于篇幅,未报告控制变量的回归结果,但未见异常。下同。

(续表)

Dep Var.	Ncskew			Duvol		
	(1)	(2)	(3)	(4)	(5)	(6)
Observations	20 399	20 399	8 092	20 399	20 399	8 092
Adj. R^2	0.100	0.100	0.087	0.475	0.475	0.465
F value	60.313	60.237	18.167	48.425	48.248	16.688

注：括号内表示调整后的 t 值，***、**、* 分别表示在 1%、5% 和 10% 显著性水平下显著（双尾）。

4.2.3 儒家文化的调节作用

表 6-4 报告了研究假设 3 的检验结果。结果显示，高管地缘关系（AreaRe）的系数为正且显著，而高管地缘与法律环境交乘项（AreaRe1×Law、AreaRe2×Law）的系数均为正且显著。即上市公司所处地区儒家文化传统越强，越有可能强化高管地缘关系对股价崩盘风险的负面效应，与研究假设 3 的预期一致。儒家文化传统越强的地区，高管对儒家文化更为推崇，而儒家文化中的"人情"文化使得具有老乡关系的高管更容易产生"信任"，这种"信任"往往会对上市公司的治理效率产生消极作用，进而加剧上市公司的股价崩盘风险。

表 6-4 高管地缘关系、文化传统与公司股价崩盘风险

Dep Var.	Ncskew			Duvol		
	(1)	(2)	(3)	(4)	(5)	(6)
AreaRe1	0.036***			0.061***		
	(3.08)			(2.76)		
AreaRe1×Culture	**0.032****			**0.008****		
	(2.01)			**(2.18)**		
AreaRe2		0.003**	0.076***		0.050*	0.156**
		(2.21)	(2.67)		(1.75)	(2.57)
AreaRe2×Culture		0.012*	0.086**		0.033*	0.067*
		(1.75)	(2.12)		(1.79)	(1.78)

(续表)

Dep Var.	Ncskew			Duvol		
	(1)	(2)	(3)	(4)	(5)	(6)
Culture	0.005*	0.018	0.034*	0.055**	0.062	0.088*
	(1.69)	(1.62)	(1.72)	(2.10)	(1.20)	(1.75)
CV	Yes	Yes	Yes	Yes	Yes	Yes
Fixed Effect	Yes	Yes	Yes	Yes	Yes	Yes
Year & Industry	Yes	Yes	Yes	Yes	Yes	Yes
Observations	20 399	20 399	8 092	20 399	20 399	8 092
Adj. R^2	0.100	0.100	0.087	0.475	0.475	0.465
F value	62.201	62.068	18.813	50.149	54.074	17.508

注：括号内表示调整后的 t 值，***、**、* 分别表示在1%、5%和10%显著性水平下显著（双尾）。

4.3 进一步检验

4.3.1 地缘关系作用渠道的分析

第一，潘越等（2011）发现上市公司信息透明度越低则公司股价崩盘风险越高。信息透明度受到公司管理层披露动机的影响，透明度越低，特质信息和负面信息越可能积压，导致股价跳跃。江轩宇（2015）发现，会计信息可比性提高有助于抑制经理人隐藏负面信息的机会主义行为，降低股价未来的崩盘风险。本研究将报表可比性作为衡量信息环境的指标，通过交乘项检验高管地缘对股价崩盘过程中的信息环境这一通道效应。表6-5 Panel A 的结果验证了潘越等（2011）和江轩宇（2015）的判断。

第二，江轩宇和许年行（2015）发现，公司过度投资会加剧股价未来崩盘风险，而代理冲突而非管理者过度自信是其主因。上市公司高管老乡关系会更容易达成共识而加剧第二类代理问题，同时形成管理者过度自信，这些将增强过度投资与股价崩盘风险的正向关系。本研究借助过度投资与地缘的交乘项作为高管地缘对股价崩盘过程中的投资行为这一通道效应的检验方式。表 6-5 Panel B 的结果与江轩宇和许年行(2015)的研究发现一致。

第三,江轩宇(2013)发现上市公司经理人避税行为越激进则公司股价未来的崩盘风险越高。本研究借助税收激进度与地缘的交乘项作为高管地缘对股价崩盘过程中的税收行为这一通道效应的检验方式。表 6.5 Panel C 的结果与江轩宇(2013)的研究发现一致。

表 6-5 高管地缘关系与公司股价崩盘风险的作用渠道分析

Panel A:信息环境的渠道分析

Dep Var.	Ncskew			Duvol		
	(1)	(2)	(3)	(4)	(5)	(6)
AreaRe1	0.010***			0.037***		
	(3.60)			(4.14)		
AreaRel×Compacct	−1.747**			−3.048***		
	(−2.36)			(−2.93)		
AreaRe2		0.010**	0.052***		0.031**	0.136**
		(2.10)	(2.82)		(2.20)	(2.51)
AreaRe2×Compacct		−2.290*	−2.910***		−0.747	−1.943**
		(−1.72)	(−3.12)		(−1.28)	(−2.35)
Compacct	−2.065*	−3.916***	−4.352**	−10.901***	−11.769***	−11.795***
	(−1.73)	(−3.21)	(−2.14)	(−4.58)	(−4.84)	(−2.74)
CV	Yes	Yes	Yes	Yes	Yes	Yes
Fixed Effect	Yes	Yes	Yes	Yes	Yes	Yes
Year & Industry	Yes	Yes	Yes	Yes	Yes	Yes
Observations	20 399	20 399	8 092	20 399	20 399	8 092
Adj. R^2	0.101	0.101	0.088	0.476	0.476	0.466
F value	60.575	60.566	18.262	49.325	49.206	16.879

Panel B:企业过度投资的渠道分析

Dep Var.	Ncskew			Duvol		
	(1)	(2)	(3)	(4)	(5)	(6)
AreaRe1	0.022***			0.068**		
	(2.68)			(2.52)		
AreaRe1×Overinv	0.006**			0.042***		
	(2.08)			(2.88)		
AreaRe2		0.003*	0.034**		0.039*	0.130***
		(1.80)	(2.21)		(1.83)	(2.94)
AreaRe2×Overinv		0.003**	0.002**		0.011**	0.014***
		(1.99)	(2.07)		(2.02)	(2.55)
Overinv	0.011***	0.015***	0.014**	0.083***	0.102***	0.133***
	(3.45)	(2.80)	(2.19)	(5.55)	(6.86)	(5.39)
CV	Yes	Yes	Yes	Yes	Yes	Yes
Fixed Effect	Yes	Yes	Yes	Yes	Yes	Yes
Year & Industry	Yes	Yes	Yes	Yes	Yes	Yes
Observations	20 399	20 399	8 092	20 399	20 399	8 092
Adj. R^2	0.101	0.100	0.087	0.477	0.477	0.468
F value	60.450	60.370	18.160	49.299	49.254	16.744

Panel C:税收激进度的渠道分析

Dep Var.	Ncskew			Duvol		
	(1)	(2)	(3)	(4)	(5)	(6)
AreaRe1	0.032**			0.015***		
	(2.03)			(3.48)		
AreaRe1×Taxagg	**0.567****			**2.051****		
	(2.21)			**(2.36)**		

(续表)

Dep Var.	Ncskew			Duvol		
	(1)	(2)	(3)	(4)	(5)	(6)
AreaRe2		0.019**	0.017***		0.026***	0.051***
		(2.50)	(3.70)		(3.03)	(3.00)
AreaRe2×Taxagg		**0.775****	**0.850****		**0.470***	**3.584****
		(2.28)	**(2.30)**		**(1.69)**	**(2.58)**
Taxagg	1.208***	0.503**	0.302**	2.197***	1.664**	2.414**
	(3.61)	(2.44)	(2.14)	(3.29)	(2.38)	(2.05)
CV	Yes	Yes	Yes	Yes	Yes	Yes
Fixed Effect	Yes	Yes	Yes	Yes	Yes	Yes
Year & Industry	Yes	Yes	Yes	Yes	Yes	Yes
Observations	20 399	20 399	8 092	20 399	20 399	8 092
Adj. R^2	0.101	0.101	0.087	0.475	0.475	0.465
F value	60.746	60.782	18.222	49.928	49.547	16.848

注：括号内表示调整后的 t 值，***、**、* 分别表示在1%、5%和10%显著性水平下显著（双尾）。

根据表6-5，信息可比性越高，亲近的高管地缘关系之间的代理问题越容易被抑制，进而有助于降低股市崩盘风险。企业过度投资随着高管地缘越近则越容易达成共识而进一步加剧股市崩盘风险正向关系。而企业避税行为越激进，具有老乡关系的高管越有可能为了共同的利益而容忍这种激进行为，造成企业股市崩盘风险的进一步提高。

4.3.2 其他地区文化的影响分析

由于地区法律环境受地区发展水平、地理气候环境、改革开放程度等因素的影响，且地区经济发展本身存在区域集聚特征，例如，相较西部地区，东部地区经济的发展存在明显优势，即东部地区的法律制度环境也相对较好，因此，本文将东部地区地缘特征作为制度发展的替代变量，进一步说明本研究中法律效应的合理性。

表 6-6 Panel A 的东部环境(East)和交乘项统计结果与表 6-3 一致,进一步验证了假设 2 的推断。在经济发展水平和法律制度环境相对优越的东部地区,关系治理对股价崩盘风险的消极影响产生了更好的抑制。

儒家文化传统对企业家的影响体现在其从事商业活动时对商业规则与伦理信条的信奉,且这种文化也形成了地域特色即商帮文化,尤其在浙商、粤商、徽商、晋商等传统文化强省,这些文化强省并非与制度、地理等因素直接相关。比如,徽商受到儒家义利观的支配,注重商业道德,而晋商以信义为特质的道德自觉,浙商继承传统儒家文化"仁爱"而形成"仁合",义利并举和以义制利,"敢为人先,和气生财,利己而不损人"的粤商精神则体现了家文化和儒家伦理的岭南文化特征。我国传统商帮文化下各商人群体具有他们各自特定的文化信念,但这些特定的文化信念是建立在诚实守信的契约精神基础之上。本文将商帮文化地区地缘特征作为儒家文化传统的替代变量,有助于进一步说明本研究中文化效应的合理性。表 6-6 Panel B 的商帮文化(Shangbang)和交乘项统计结果也与表 6-4 一致,进一步验证了假设 3 的推断,即信奉商帮文化的高管有意愿遵守文化"道义",本着"和为贵"的理念进行公司治理,且具有老乡关系的高管对商帮文化更容易相互认同,这无疑加剧了公司的代理问题,提升了股市崩盘风险。

表 6-6　其他地区文化的影响分析

Panel A:东部环境的影响分析

Dep Var.	*Ncskew*			*Duvol*		
	(1)	(2)	(3)	(4)	(5)	(6)
*AreaRe*1	0.031***			0.054***		
	(2.67)			(2.75)		
AreaRe1×East	**−0.031****			**−0.014***		
	(−2.03)			**(−1.75)**		
*AreaRe*2		0.003**	0.049**		0.024**	0.114**
		(2.29)	(2.13)		(2.02)	(2.34)

(续表)

Dep Var.	Ncskew			Duvol		
	(1)	(2)	(3)	(4)	(5)	(6)
AreaRe2×East		−0.002**	−0.050**		−0.041	−0.038
		(−1.99)	(−2.03)		(−1.08)	(−0.52)
East	0.139	0.144	0.055	−12.031***	−12.014***	−10.428***
	(0.58)	(0.59)	(0.11)	(−24.90)	(−24.86)	(−10.37)
CV	Yes	Yes	Yes	Yes	Yes	Yes
Fixed Effect	Yes	Yes	Yes	Yes	Yes	Yes
Year & Industry	Yes	Yes	Yes	Yes	Yes	Yes
Observations	20 399	20 399	8 092	20 399	20 399	8 092
Adj. R^2	0.100	0.100	0.087	0.475	0.475	0.466
F value	60.384	60.246	18.181	48.327	48.273	16.121

Panel B:商帮文化的影响分析

Dep Var.	Ncskew			Duvol		
	(1)	(2)	(3)	(4)	(5)	(6)
AreaRe1	0.028**			0.058**		
	(2.00)			(2.10)		
AreaRe1×Shangbang	0.052*			0.010**		
	(1.68)			(2.16)		
AreaRe2		0.006**	0.036***		0.028**	0.105**
		(2.54)	(3.65)		(2.26)	(2.30)
AreaRe2×Shangbang		0.024*	0.011**		0.055**	0.122**
		(1.90)	(2.24)		(2.05)	(2.25)
Shangbang	0.009	0.027	0.009	0.017	0.013	0.130
	(1.35)	(1.09)	(1.21)	(1.32)	(1.26)	(1.46)

(续表)

Dep Var.	Ncskew			Duvol		
	(1)	(2)	(3)	(4)	(5)	(6)
CV	Yes	Yes	Yes	Yes	Yes	Yes
Fixed Effect	Yes	Yes	Yes	Yes	Yes	Yes
Year & Industry	Yes	Yes	Yes	Yes	Yes	Yes
Observations	20 399	20 399	8 092	20 399	20 399	8 092
Adj. R²	0.101	0.100	0.087	0.475	0.475	0.465
F value	60.415	60.272	18.115	49.299	49.256	15.575

注：括号内表示调整后的 t 值，***、**、* 分别表示在1%、5%和10%显著性水平下显著（双尾）。

4.4 稳健性检验

4.4.1 高管地缘变更前一年和后一年的子样本的检验

考虑到董事长或总经理未发生变更时，高管地缘年度间没有差异，那么公司股价崩盘风险的变化可能是其他原因造成的。而发生变更时，尤其是地缘发生变化时，更能较好地观察到高管地缘带来公司股价崩盘风险的差异，考虑到变更当年公司特征的巨大差异和变更在上下半年对高管实施公司股价崩盘风险影响的情况，我们选择了高管地缘变更前一年和后一年的样本进行观察。表6-7报告了检验结果，结果与之前的发现一致。

表6-7 高管变更前后的稳健性检验

Panel A：高管地缘关系与公司股价崩盘风险

Dep Var.	Ncskew			Duvol		
	(1)	(2)	(3)	(4)	(5)	(6)
AreaRe1	0.062***			0.114***		
	(2.74)			(2.82)		
AreaRe2		0.010**	0.030***		0.028***	0.040***
		(2.32)	(3.11)		(2.93)	(3.61)

(续表)

Dep Var.	Ncskew			Duvol		
	(1)	(2)	(3)	(4)	(5)	(6)
CV	Yes	Yes	Yes	Yes	Yes	Yes
$Fixed\ Effect$	Yes	Yes	Yes	Yes	Yes	Yes
$Year\ \&\ Industry$	Yes	Yes	Yes	Yes	Yes	Yes
$Observations$	3 969	3 969	1 804	3 969	3 969	1 804
$Adj.R^2$	0.089	0.088	0.104	0.502	0.501	0.501
$F\ value$	6.12	6.08	3.23	63.41	63.19	27.53

Panel B:高管地缘关系、法律环境与公司股价崩盘风险

Dep Var.	Ncskew			Duvol		
	(1)	(2)	(3)	(4)	(5)	(6)
$AreaRe1$	0.041***			0.046***		
	(3.18)			(2.75)		
$AreaRe1 \times Law$	−0.034*			−0.153**		
	(−1.78)			(−1.98)		
$AreaRe2$		0.031**	0.073***		0.003**	0.066***
		(2.17)	(2.81)		(2.06)	(3.76)
$AreaRe2 \times Law$		−0.015**	−0.059**		−0.042	−0.142**
		(−2.43)	(−1.99)		(−1.70)	(−2.23)
Law	0.043	0.067**	0.055	0.023	0.128**	0.169**
	(1.43)	(2.20)	(1.35)	(0.44)	(2.37)	(2.14)
CV	Yes	Yes	Yes	Yes	Yes	Yes
$Fixed\ Effect$	Yes	Yes	Yes	Yes	Yes	Yes
$Year\ \&\ Industry$	Yes	Yes	Yes	Yes	Yes	Yes
$Observations$	3 969	3 969	1 804	3 969	3 969	1 804
$Adj.R^2$	0.090	0.090	0.106	0.503	0.502	0.499
$F\ value$	6.04	6.00	3.23	61.76	61.39	27.03

Panel C:高管地缘关系、文化传统与公司股价崩盘风险

Dep Var.	Ncskew			Duvol		
	(1)	(2)	(3)	(4)	(5)	(6)
AreaRe1	0.097***			0.144***		
	(3.11)			(2.59)		
AreaRel×Culture	**0.069***			**0.059***		
	(1.83)			**(1.79)**		
AreaRe2		0.032**	0.008***		0.005**	0.023**
		(2.34)	(3.19)		(2.12)	(2.29)
AreaRe2×Culture		**0.015**	**0.108***		**0.046***	**0.039****
		(1.46)	**(1.85)**		**(1.77)**	**(2.35)**
Culture	0.016	0.007	0.022	0.071	0.071	0.024
	(0.56)	(0.24)	(0.58)	(1.40)	(1.37)	(0.33)
CV	Yes	Yes	Yes	Yes	Yes	Yes
Fixed Effect	Yes	Yes	Yes	Yes	Yes	Yes
Year & Industry	Yes	Yes	Yes	Yes	Yes	Yes
Observations	3 969	3 969	1 804	3 969	3 969	1 804
Adj.R^2	0.089	0.088	0.107	0.502	0.501	0.495
F value	5.98	5.90	3.25	61.46	61.24	26.64

注:括号内表示调整后的 t 值,***、**、* 分别表示在1%、5%和10%显著性水平下显著(双尾)。

4.4.2 剔除董事长与总经理两职合一样本的检验

高管两职合一是地缘关系最强的一种表现,前面的检验都是将其与非两职合一同时考察,而两职合一也会带来公司治理问题,影响到公司股价崩盘风险质量,因此稳健性检验中剔除了两职合一的样本重新进行了检验。表 6-8 报告了检验结果,结果与之前的发现一致。

表 6-8　剔除董事长与总经理两职合一样本的稳健性检验

Panel A：高管地缘关系与公司股价崩盘风险

Dep Var.	Ncskew			Duvol		
	(1)	(2)	(3)	(4)	(5)	(6)
AreaRe1	0.014***			0.057*		
	(2.86)			(1.71)		
AreaRe2		0.004**	0.010***		0.033**	0.060**
		(2.29)	(2.80)		(2.26)	(2.39)
CV	Yes	Yes	Yes	Yes	Yes	Yes
Fixed Effect	Yes	Yes	Yes	Yes	Yes	Yes
Year & Industry	Yes	Yes	Yes	Yes	Yes	Yes
Observations	12 797	12 797	5 016	12 797	12 797	5 016
Adj. R^2	0.095	0.095	0.099	0.525	0.524	0.560
F value	39.34	39.31	12.67	411.24	411.15	150.55

Panel B：高管地缘关系、法律环境与公司股价崩盘风险

Dep Var.	Ncskew			Duvol		
	(1)	(2)	(3)	(4)	(5)	(6)
AreaRe1	0.014**			0.017***		
	(2.57)			(3.36)		
AreaRe1×Law	−0.047			−0.107*		
	(−1.59)			(−1.83)		
AreaRe2		0.002**	0.019**		0.003**	0.032**
		(2.10)	(2.53)		(2.07)	(2.45)
AreaRe2×Law		−0.004**	−0.003**		−0.062*	−0.105**
		(−2.15)	(−2.18)		(−1.84)	(−2.19)
Law	0.004	0.015	0.121**	0.001	0.054	0.076
	(0.15)	(0.48)	(2.37)	(0.01)	(0.87)	(0.76)

(续表)

Dep Var.	Ncskew			Duvol		
	(1)	(2)	(3)	(4)	(5)	(6)
CV	Yes	Yes	Yes	Yes	Yes	Yes
Fixed Effect	Yes	Yes	Yes	Yes	Yes	Yes
Year & Industry	Yes	Yes	Yes	Yes	Yes	Yes
Observations	12 797	12 797	5 016	12 797	12 797	5 016
Adj. R^2	0.096	0.095	0.091	0.525	0.525	0.538
F value	36.89	36.78	12.08	384.69	384.68	140.87

Panel C:高管地缘关系、文化传统与公司股价崩盘风险

Dep Var.	Ncskew			Duvol		
	(1)	(2)	(3)	(4)	(5)	(6)
AreaRe1	0.001**			0.045**		
	(2.06)			(2.08)		
AreaRe1×Culture	**0.026***			**0.024***		
	(1.82)			**(1.88)**		
AreaRe2		0.004**	0.058***		0.039**	0.013**
		(2.23)	(2.78)		(2.09)	(2.19)
AreaRe2×Culture		**0.017**	**0.089***		**0.012****	**0.024****
		(1.55)	**(1.68)**		**(2.23)**	**(2.23)**
Culture	−0.021	−0.007	−0.051	−0.025	−0.021	−0.025
	(−0.56)	(−0.24)	(−1.37)	(−0.58)	(−1.40)	(−0.33)
CV	Yes	Yes	Yes	Yes	Yes	Yes
Fixed Effect	Yes	Yes	Yes	Yes	Yes	Yes
Year & Industry	Yes	Yes	Yes	Yes	Yes	Yes
Observations	12 797	12 797	5 016	12 797	12 797	5 016
Adj. R^2	0.096	0.095	0.090	0.525	0.524	0.538
F value	38.05	38.01	12.35	397.51	397.41	145.50

注：括号内表示调整后的 t 值，***、**、* 分别表示在1%、5%和10%显著性水平下显著（双尾）。

4.4.3 采用 TSLS 的检验

考虑到股价崩盘和公司治理往往是内生决定的,因此,内生性问题是一个非常重要且必须解决的问题。我们参考陆瑶和胡江燕(2014)、Fracassi 和 Tate(2012)在处理 CEO 与董事之间关系强弱变量中存在的内生性问题的做法,构建的工具变量为衡量公司董事长或总经理因外在原因离职的情况(Leave)以及社会信任(Trust)。因为,外在原因离职会影响高管地缘的变化而对公司股价崩盘风险一般不会有直接的影响。同时,社会信任也是较为外生的,会影响所有者是否因合谋动机导致聘请地缘较近的 CEO,而这一决策对公司股价崩盘风险通常不会造成直接影响。表 6-9 报告了工具变量的相关性检验、外生性检验和第二阶段回归结果。在相关性检验中,F 值大于 10,这意味着选取的工具变量满足相关性条件,在工具变量外生性检验中过度识别约束 p 值大于 0.10,这意味着不能拒绝这两个工具变量不具有外生性的原假设,工具变量外生性检验得以通过。相关性条件和外生性条件的满足为本文使用工具变量的有效性提供了强有力的证据。表 6-9 报告了检验结果,结果与之前的发现一致。

表 6-9 TSLS 检验结果

Panel A:高管地缘关系与公司股价崩盘风险

Dep Var.	*Ncskew*			*Duvol*		
	(1)	(2)	(3)	(4)	(5)	(6)
AreaRe1	0.014***			0.057*		
	(2.86)			(1.71)		
AreaRe2		0.004**	0.010***		0.033**	0.060**
		(2.29)	(2.80)		(2.26)	(2.39)
CV	Yes	Yes	Yes	Yes	Yes	Yes
Fixed Effect	Yes	Yes	Yes	Yes	Yes	Yes
Year & Industry	Yes	Yes	Yes	Yes	Yes	Yes
Observations	20 399	20 399	5 460	20 399	20 399	5 460
Adj. R^2	0.010	0.020	0.019	0.021	0.428	0.328

(续表)

Dep Var.	Ncskew			Duvol		
	(1)	(2)	(3)	(4)	(5)	(6)
F value	10.76	20.80	12.37	58.52	114.20	96.73
弱工具变量检验 F	19.56	56.11	50.81	19.56	56.11	50.81
J 检验(p 值)	1.95(0.16)	0.18(0.67)	0.67(0.41)	2.38(0.12)	0.16(0.69)	0.10(0.74)

Panel B:高管地缘关系、法律环境与公司股价崩盘风险

Dep Var.	Ncskew			Duvol		
	(1)	(2)	(3)	(4)	(5)	(6)
AreaRe1	2.802***			2.118**		
	(3.63)			(2.05)		
AreaRe1×Law	**−2.743*** **			**−1.922***		
	(−3.69)			**(−1.92)**		
AreaRe2		0.003*	1.048***		0.086*	0.161**
		(1.92)	(5.06)		(1.88)	(2.46)
AreaRe2×Law		**−0.077***	**−1.037*** **		**−0.148***	**−1.948*** **
		(−1.87)	**(−5.02)**		**(−1.71)**	**(−3.43)**
Law	−0.996***	0.156	0.591***	−0.792**	−0.145	−3.072*
	(−3.53)	(1.19)	(5.39)	(−2.09)	(−0.79)	(−1.84)
CV	Yes	Yes	Yes	Yes	Yes	Yes
Fixed Effect	Yes	Yes	Yes	Yes	Yes	Yes
Year & Industry	Yes	Yes	Yes	Yes	Yes	Yes
Observations	20 399	20 399	5 460	20 399	20 399	5 460
Adj. R^2	0.605	0.561	0.595	0.605	0.561	0.595
F value	578.52	1 095.41	657.83	13 519.71	16 363.58	1 796.8
弱工具变量检验 F	10.714	44.651 9	22.581 5	10.714	44.651 9	22.581 5
J 检验(p 值)	0.50(0.48)	0.25(0.62)	0.29(0.60)	0.38(0.55)	0.92(0.38)	1.22(0.27)

Panel C: 高管地缘关系、文化传统与公司股价崩盘风险

Dep Var.	Ncskew			Duvol		
	(1)	(2)	(3)	(4)	(5)	(6)
AreaRe1	0.507**			6.329***		
	(2.02)			(3.50)		
AreaRe1×Culture	**0.497***			**5.949***		
	(1.72)			**(3.45)**		
AreaRe2		0.003***	0.448*		0.006**	2.931***
		(2.72)	(1.78)		(2.53)	(2.90)
AreaRe2×Culture		**0.076***	**0.440****		**0.029***	**2.913****
		(2.68)	**(2.17)**		**(1.75)**	**(2.90)**
Culture	−0.185	0.023	0.260	−2.369***	−0.009	1.633***
	(−0.96)	(0.97)	(1.23)	(−3.45)	(−0.17)	(2.89)
CV	Yes	Yes	Yes	Yes	Yes	Yes
Fixed Effect	Yes	Yes	Yes	Yes	Yes	Yes
Year & Industry	Yes	Yes	Yes	Yes	Yes	Yes
Observations	20 399	20 399	5 460	20 399	20 399	5 460
Adj. R^2	0.527	0.486	0.497	0.527	0.486	0.497
F value	1 384.55	1 372.43	702.04	4 790.16	6 655.06	668.83
弱工具变量检验 F	8.279 19	8.800 91	7.782 72	8.279 19	8.800 91	7.782 72
J 检验(p 值)	1.08(0.30)	0.49(0.48)	0.68(0.41)	1.71(0.18)	0.99(0.35)	1.07(0.30)

注:括号内表示调整后的 t 值,***、**、* 分别表示在1%、5%和10%显著性水平下显著(双尾)。

5 小结

尽管 La Porta 等(1998)针对"法与金融"的关系做了一系列的研究发现,一国的法律起源、投资者保护(包括法律执行力)等对金融市场发展和公司治理具有重

要的影响。然而,Allen等(2005)对中国经济转轨过程中法律和金融市场的实证研究结果并不支持"法与金融"研究范式的结论。因此,即便是在倡导"契约精神"、讲求"制度化"的市场经济社会,中国情境下文化的作用依然不可小觑。本研究选取2003—2015年中国A股上市公司相关数据,从关系文化视角研究高管地缘关系是否影响上市公司股价崩盘风险,并基于产权性质与法律环境考察这一作用机理的差异性。研究发现:高管的地缘关系与股价崩盘风险存在显著负相关关系,即地缘关系越近,公司面临的股价崩盘风险越高;不健全的法律环境与企业所处地域较强的文化传统均会加剧这种相关关系。由此可见,高管地缘关系是上市公司股价崩盘风险的一个重要影响因素,并且两者之间的负向关系在处于不同法律环境与处于不同地域文化传统的公司中都呈现出差异化特征。

研究结论具有重要的理论与实践意义。第一,本研究发现地缘关系治理这一文化特征是影响公司股价崩盘风险的一个重要变量,突破了以往仅从正式制度安排(如政治事件、投资者保护、会计政策选择)来分析股价崩盘风险的研究。第二,本研究为关系治理的经济后果提供了新的经验证据,关系治理被认为是深受儒家文化影响的中国经济快速发展的重要影响因素,区别于现有文献聚焦于探索关系治理对公司内部效率的影响,本研究将关系治理经济后果的研究扩展到股票市场反应。第三,本研究的结论为公司高管团队建设提供了实践参考。通常国有公司高管的选派由政府安排,减少了关系治理的可能性,而民营公司在选任高管时需要考虑关系治理正面作用与负面作用的综合效果,避免因关系治理造成公司利益的损失。第四,本研究关于法律环境的差异化特征结论表明,政府需要进一步完善法律法规,加强监管,促进公司信息透明度的提高,降低上市公司股价崩盘的潜在风险,避免资本市场剧烈震荡现象的出现,实现资本市场的稳定健康发展。

第 7 章 结论

本研究通过对关系治理定义的重新界定,从关系嵌入的视角入手,结合正式与非正式制度环境,以公司高管地缘关系(距离)为切入点,基于研究场景选取适合的上市公司样本,实证检验了公司高管团队(董事长与总经理之间)的地缘关系对公司治理中的总经理薪酬契约、内部控制质量及企业行为后果中的投资效率与股价崩盘风险的影响。

研究发现:①相较于不存在地缘关系的上市公司而言,董事长与总经理之间存在地缘关系的公司薪酬业绩敏感度更低,且这一现象主要发生在业绩较差时,说明地缘关系削弱了通过薪酬契约监督总经理的有效性。进一步研究则表明,外部正式制度和地缘关系之间存在替代性;②董事长与总经理之间地缘关系越强的上市公司内部控制质量越低,且国有企业中内部关系治理与内部控制质量的关系弱于非国有企业。进一步发现,连锁商业网络的构建(外部关系治理)有助于改善地缘关系对上市公司内部控制质量的反向作用;③国有企业董事长与总经理间地缘关系较非国有企业更紧密,以地方国有企业更甚;当企业与董事长出生(成长)地处于同省时,董事长与总经理地缘关系更紧密。董事长与总经理地缘关系越强,企业投资效率降低。相比民营企业而言,国有企业高管地缘关系对投资效率影响更明显;相比地方国有企业而言,中央国有企业高管地缘关系对投资效率影响更明显;董事长不在同省的企业高管地缘关系对投资效率影响更明显;④公司董事长与总经理的地缘关系越强,公司股价崩盘风险越大。区分宏观制度环境的检验显示所在地区正式的法律环境越弱、非正式的文化传统越强,高管地缘关系与公司股价崩盘风险的正向关系越强;作用机制的探索显示会计信息透明度、过度投资与税收激进是上述关系的重要渠道。

  本研究丰富了新兴市场企业薪酬激励与内部控制理论与应用实践的研究领域文献,也为投资效率与股价崩盘风险的影响因素与经济后果的研究提供了重要的经验补充,对于企业管理团队选拔策略提供了一定的现实借鉴。在未来的研究中,将研究领域进一步拓展至差序文化的其他方面对公司治理与公司金融以及产品市场、资本市场的影响,并可进一步研究高管地缘关系对企业融资及股利分配行为、公司违规行为的影响,以及对公司并购、风险承担、企业创新、社会责任等领域加以进一步研究,亦可进一步上溯至大股东之间,以及大股东与董事会之间的地缘关系及差序文化格局如何影响公司治理与公司财务行为。

参考文献

埃里克·弗鲁博顿,鲁道夫·芮切特,弗鲁博顿,等.2015.新制度经济学:一个交易费用分析范式[M].格致出版社.

蔡洪滨,周黎安,吴意云.2008.宗族制度,商人信仰与商帮治理:关于明清时期徽商与晋商的比较研究[J].管理世界,(8):87-99.

陈德球,肖泽忠,董志勇.2013.家族控制权结构与银行信贷合约:寻租还是效率?[J].管理世界,(9):130-143.

陈冬华,陈信元,万华林.2005.国有企业中的薪酬管制与在职消费[J].经济研究,(2):92-101.

陈汉文,王韦程.2014.董事长特征、薪酬水平与内部控制[J].厦门大学学报(哲学社会科学版),(2):90-99.

陈凌,应丽芬.2003.代际传承:家族企业继任管理和创新[J].管理世界,(6):89-97.

陈同扬,刘玲,曹国年.2010.中国企业高管团队关系一致性对企业绩效的影响研究:以上市公司为例[J].现代管理科学,(7):104-106.

戴亦一,肖金利,潘越.2016."乡音"能否降低公司代理成本?——基于方言视角的研究[J].经济研究,(12):147-160.

邓建平,曾勇.2005.上市公司家族控制与股利决策研究[J].管理世界,(7):139-147.

杜兴强,郭剑花,雷宇.2009.政治联系方式与民营上市公司业绩"政府干预抑或关系"[J].金融研究,(11):158-173.

樊纲,王小鲁,朱恒鹏.2011.中国市场化指数:各地区市场化相对进程 2011 年报告.北京:经济科学出版社.

范博宏,罗绮萍.2009.家族企业价值为何在继承中蒸发六成?[J].新财富,(12):52-55.

范博宏.2012.关键世代:走出华人家族企业传承之困[M].北京:东方出版社.

方红星,金玉娜.2011.高质量内部控制能抑制盈余管理吗?——基于自愿性内部控制鉴证报告的经验研究[J].会计研究,(8):53-60.

方军雄.2009.我国上市公司高管的薪酬存在黏性吗?[J].经济研究,(3):110-124.

费孝通.1948.费孝通文集[M].北京:群言出版社.

费孝通.1998.乡土中国生育制度[M].北京:北京大学出版社.

古志辉.2015.全球化情境中的儒家伦理与代理成本[J].管理世界,(3):113-123.

郭斌,刘曼路.2002.民间金融与中小企业发展:对温州的实证分析[J].经济研究,(10):351-382.

韩志丽,邵军,陈敏.2014.徐波企业非效率投资:基于行为经济学的解释[J].会计与经济研究,(6):72-80.

何威风,刘启亮.2010.我国上市公司高管背景特征与财务重述行为研究[J].管理世界,:144-155.

贺小刚,连燕玲,李婧.2010.家族控制中的亲缘效应分析与检验[J].中国工业经济,1:135-146.

黄寿昌,杨雄胜.2010.内部控制报告、财务报告质量与信息不对称——来自沪市上市公司的经验证据.财经研究,(7):81-91.

江轩宇.2013.税收征管、税收激进与股价崩盘风险[J].南开管理评论,(5):152-166.

江轩宇.2015.会计信息可比性与股价崩盘风险[J].投资研究,(12):97-111.

江轩宇,伊志宏.2013.审计行业专长与股价崩盘风险[J].中国会计评论,(2):133-150.

江轩宇,许年行.2015.企业过度投资与股价崩盘风险[J].金融研究,(8):141-158.

姜付秀,伊志宏,苏飞,等.2009.管理者背景特征与企业过度投资行为[J].管理世界,(1):130-139.

金鑫,雷光勇.2011.审计监督、最终控制人性质与税收激进度[J].审计研究,5:98-106.

李善同,侯永志,刘云中,陈波.2004.中国国内地方保护问题的调查与分析[J].经济研究,(11):78-84.

李胜兰.2008.地缘关系与我国产业集群企业合作行为研究[J].学术研究,(6):80-84.

李万福,林斌,宋璐.2011.内部控制在公司投资中的角色:效率促进还是抑制?[J].管理世界,(2):81-99.

李小荣,刘行.2012.CEO vs CFO:性别与股价崩盘风险[J].世界经济,(12):102-129.

李新春,何轩,陈文婷.2008.战略创业与家族企业创业精神的传承——基于百年老字号李锦记的案例研究[J].管理世界,(10):127-140.

李增泉,辛显刚,于旭辉.2008.金融发展、债务融资约束与金字塔结构——来自民营企业集团的证据[J]. 管理世界,(1):123-135.

李增泉,叶青,贺卉. 2011. 企业关联、信息透明度与股价特征[J]. 会计研究,(1):44-51.

连燕玲,贺小刚,张远飞. 2011. 家族权威配置机理与功效——来自我国家族上市公司的经验证据[J]. 管理世界,(11):105-117.

林毅夫,孙希芳. 2005. 信息、非正规金融与中小企业融资[J]. 经济研究,(7):35-44.

林毅夫,李志赟. 2004. 政策性负担、道德风险与预算软约束[J]. 经济研究,(2):17-27.

林毅夫,刘明兴,章奇. 2004. 政策性负担与企业的预算软约束:自来中国的实证研究[J]. 管理世界,(8):81-89.

林钟高,李菊娣,徐虹. 2014. 关系投资、内部控制与大股东资金占用[J]. 会计与经济研究,(2):3-15.

刘梦岳. 2017. 从"经济伦理"到"制度主义"——"儒家文化与现代经济"的研究转向及其启示[J]. 山西大学学报(哲学社会科学版),(2):98-106.

刘启亮,罗乐,何威风,等. 2012. 产权性质、制度环境与内部控制[J]. 会计研究,(3):52-61.

刘西川,陈立辉. 2012. 风险防范中的非利率条件,业缘型社会关系和关联性交易——基于温州民间借贷的经验考察[J]. 财贸研究,(5):104-111.

刘鑫,薛有志. 2016. CEO 接班人遴选机制与 CEO 变更后公司风险承担研究——基于 CEO 接班人年龄的视角[J]. 管理评论,(5):137-149.

陆瑶,胡江燕. 2016. CEO 与董事间"老乡"关系对公司违规行为的影响研究[J]. 南开管理评论,(2):52-62.

罗党论,唐清泉. 2009. 中国民营上市公司制度环境与绩效问题研究[J]. 经济研究,(2):106-118.

罗进辉,杜兴强. 2014. 媒体报道、制度环境与股价崩盘风险[J]. 会计研究,9:53-59.

麻国庆. 2008. 类别中的关系:家族化的公民社会的基础——从人类学看儒学与家族社会的互动[J]. 文史哲,(4):44-55.

马鸿佳,董保宝,葛宝山. 2010. 高科技企业网络能力、信息获取与企业绩效关系实证研究[J]. 科学学研究,(1):127-132.

马克斯·韦伯. 2008. 世界宗教的经济伦理:儒教与道教[M]. 广西师范大学出版社.

毛新述,孟杰. 2013. 内部控制与诉讼风险[J]. 管理世界,(11):155-165. 潘光旦. 2000. 潘光旦文集[M]. 北京大学出版社.

潘越,戴亦一,林超群. 2011. 信息不透明、分析师关注与个股暴跌风险[J]. 金融研究,(9):138-

151.

钱穆.1996.国史大纲[M].北京:商务印书馆.

权小锋,吴世农,尹洪英.2015.企业社会责任与股价崩盘风险:"价值利器"或"自利工具"?[J].经济研究,(11):49-64.

任俊义.2010.我国企业社会资本与智力资本关系实证研究[M].北京:经济科学出版社.

邵军,刘志远.2008.企业集团内部资本配置的经济后果——来自中国企业集团的证据[J].会计研究,(4):47-53.

申明浩.2008.治理结构对家族股东隧道行为的影响分析[J].经济研究,(6):135-143.

苏启林,朱文.2003.上市公司家族控制与企业价值[J].经济研究,(8):36-45.

陶凤鸣,孟卫东,杨涛.2009.跨国公司在华子公司人员配置理论与实证研究[J].科研管理,(5):103-110.

万东灿.2015.审计收费与股价崩盘风险[J].审计研究,(6):85-93.

汪少华,王惠敏.2003.浙江产业群成长模式及其演进[J].中国农村经济,(5):9.

王斌,梁欣欣.2008.公司治理、财务状况与信息的披露质量——来自中国上市公司的经济数据证据[J].会计研究,(2):31-38.

王化成,曹丰,高升好,李争光.2014.投资者保护与股价崩盘风险[J].财贸经济,(10):73-82.

王明琳,徐萌娜,王河森.2014.利他行为能够降低代理成本吗?——基于家族企业中亲缘利他行为的实证研究[J].经济研究,(3):144-157.

王永钦.2005.声誉、承诺与组织形式[M].上海:上海人民出版社.

魏春燕,陈磊.2015.家族企业CEO更换过程中的利他主义行为——基于资产减值的研究[J].管理世界,(3):137-150.

魏明海,黄琼宇,程敏英.2013.家族企业关联大股东的治理角色——基于关联交易的视角[J].管理世界,(3):133-147.

魏明海,柳建华.2007.国企分红、治理因素与过度投资[J].管理世界,(4):88-95.

魏志华,林亚清,吴育辉,李常青.2013.家族企业研究:一个文献计量分析[J].经济学(季刊),(10):28-56.

辛清泉,林斌,王彦超.2007.政府控制、经理薪酬与资本投资[J].经济研究,(8):110-122.

胥朝阳,刘睿智.2014.提高会计信息可比性能抑制盈余管理吗[J].会计研究,(7):50-57.

徐莉萍,辛宇,陈工孟.2006.股权集中度和股权制衡及其对公司经营绩效的影响[J].经济研究,(1):90-100.

许静静,吕长江.2011.家族企业高管性质与盈余质量——来自中国上市公司的证据[J].管理世界,(1):112-120.

许年行,江轩宇,伊志宏.2012.分析师利益冲突、乐观偏差与股价崩盘风险[J].经济研究,(7):127-140.

许年行,于上尧,伊志宏.2013.机构投资者羊群行为与股价崩盘风险[J].管理世界,(7):31-43.

杨玉龙,潘飞,张川.2014.差序格局视角下的中国企业业绩评价[J].会计研究,(10):66-73.

叶康涛,曹丰,王化成.2015.公司股价崩盘风险信息披露能够降低股价崩盘风险吗?[J].金融研究,(2):192-206.

俞俊利,金鑫,雷光勇.2015.管理层地缘关系与企业投资效率[J].当代财经,(10):116-128.

张会丽,吴有红.2014.内部控制、现金持有及经济后果[J].会计研究,(3):71-78.

张文宏.2003.社会资本:理论争辩与经验研究[J].社会学研究,(4):23-35.

赵龙凯,江嘉骏,余音.2016.文化、制度与合资企业盈余管理[J].金融研究,(5):138-155.

赵宜一,吕长江.2015.亲缘还是利益?——家族企业亲缘关系对薪酬契约的影响[J].会计研究,(8):32-40.

周守华,胡为民,林斌,刘春丽.2013.2012年中国上市公司内部控制研究[J].会计研究,(7):3-12.

ABBOTT L J, PARKER S, PETERS G F. 2007. Corporate Governance, Audit Quality, and the Sarbanes-Oxley Act: Evidence from Internal Audit Outsourcing. The Accounting Review, (82):803-835.

ACOBS. 2005.声誉、承诺与组织形式.上海:上海人民出版社.

ADAMS R B, FERREIRA D. 2007. A Theory of Friendly Boards[J]. Journal of Finance,(62):217-250.

ALDRICH H, CLIFF J. 2003. The Pervasive Effects of Family on Entrepreneurship: Toward a Family Embeddedness Perspective[J]. Journal of Business Venturing,(5):573-596.

ALESINA A, TABELLINI G. 2010. Rules and discretion with noncoordinated monetray and fiscal Spolicies[J]. Economic Inquiry,[30] 25 (4):619-630.

ALLEN F, QIAN J, Qian M J. 2005. Law, Finance, and Economic Growth In China[J]. Journal of Financial Economics, 77:57-116.

ALTAMURO J, Beatty A. 2010. How does Internal Control Regulation Affect Financial Reporting? [J] Journal of Accounting and Economics, 49(1-2):58-74.

ANDERSON R, REEB D M. 2003. Founding family ownership and firm performance: Evidence from the S&P 500[J]. Journal of Finance, 58:1301-1329.

ANDERSON R, REEB D M. 2004. Board composition: Balancing family influence in S&P 500 firms[J]. Administrative Science Quarterly, 49:209-237.

ANDERSON R, A DURU REEB D M. 2009. Founders, heirs, and corporate opacity in the United States[J]. Journal of Financial Economics, 92:205-222.

ARMSTRONG C S, JAGOLINZER A D, Larcker D F. 2006. Timing of employee stock option exercises and the valuation of stock option expense[J]. Stanford University working paper.

ASHBAUGH-SKAIFE H, COLLINS D W, KINNEY W. 2007. The Discovery and Reporting of Internal Control Deficiencies Prior to SOX-mandated Audits[J]. Journal of Accounting and Economics,44: 166-192.

BACH L,SERRANO-VELARDE N. 2015. CEO Identity and Labor Contracts: Evidence from CEO Transitions[J]. Journal of Corporate Finance, 33:227-242.

BARGERON L L, LEHN, K M, ZUTTER C J. 2010. Sarbanes-Oxley and Corporate Risk-Taking[J]. Journal of Accounting and Economics, 49(1-2): 34-52.

BECKER S GARY. 1976. Economic Approach To Human Behaviour[J]. University of Chicago Press, (4):515-518.

BERTRAND, JOHNSON, SAMPHANTHARAK, SCHOAR. 2008. Mixing Family with Business: A Study of Thai Business Groups and the Families behind them[J]. Journal of Financial Economics, 88:466-498.

BERRONE P, CRUZ C C, GÓMEZ-MEJÍA L R, LARRAZA KINTANA M. 2010. Socioemotional wealth and corporate response to institutional pressures: Do family-controlled firms pollute less? [J]. Administrative Science Quarterly,(55): 82-113.

BERTRAND M, SCHOAR A. 2006. The role of family in family firms[J]. Journal of Economic Perspectives,20(2):73-96.

BRICKLEY J A, COLES J L, JARRELL G. 1997. Leadership structure: Separating the CEO and chairman of the board[J]. Journal of Corporate Finance, 3(3):189-220.

BURKART M, PANUNZI F, SHLEIFER A. 2003. Family firms[J]. Journal of Finance, 58(5): 2167-2202.

CALLEN J L,X FANG. 2015. Religion and Stock Price Crash Risk[J]. Journal of Financial and

Quantitative Analysis, 50(1-2):169-195.

CHALOS P, O'CONNOR N G. 2004. Determinants of the use of various control mechanisms in US-Chinese joint ventures[J]. Accounting, Organizations and Society, 29(7): 591-608.

CHEN J, HHONG, JSTEIN. 2001. Forecasting Crashes: Trading Volume, Past Returns, and Conditional Skewness in Stock Prices[J]. Journal of Financial Economics, 61:345-381.

CHHAOCHHARIA V, GRINSTEIN Y. 2009. CEO compensation and board structure[J]. Journal of Finance, 64(1):231-261.

CLAESSENS S, DJANKOV S, FAN J P H, LANG L H P. 2002. Disentangling the Incentive and Entrenchment Effects of Large Shareholding[J]. Journal of Finance, 57:2741-2771.

COASE R. 1937. The Nature of the Firm[J]. Economica, 4(16):386-405.

COLEMAN, JAMES S. 1988. Free Riders and Zealots: The Role of Social Networks[J]. Sociological Theory, 6 (1):52.

CORE J E, HOLTHAUSEN R W, LARCKER D F. 1999. Corporate governance, chief executive officer compensation, and firm performance[J]. Journal of Financial Economics, 51(3): 371-406.

CORDEIRO J J, VELIYATH R. 2003. Beyond pay for performance: A panel study of the determinants of CEO compensation[J]. American Business Review, 21(1): 56.

CYERT R, KANG S, KUMAR P et al. 1997. Corporate governance and the level of CEO compensation[J]. Working Paper, Carnegie Mellon University.

DAVIS J H, F. D SCHOORMAN, L. 1997. Donaldson. Toward a Stewardship Theory of Management[J]. Academy of Management Review,22:20-47.

DE BARY W. T. 1988. East Asian Civilizations: A Dialogue in Five Stages[M]. Cambridge, Mass, and London: Harvard University Press,160.

DE FRANCO G, S P KOTHARI, R S VERDI. 2011. The Benefits of Financial Statement Comparability[J]. Journal of Accounting Research, 49(4):895-931.

DEFOND M, X HU, M HUNG. 2011. The Impact of Mandatory IFRS Adoption on Foreign Mutual Fund Ownership: The Role of Comparability [J]. Journal of Accounting and Economics, 51(3):240-258.

DEMSETZ H, K LEHN. 1985. The Structure of Corporate Ownership: Causes and Consequences[J]. Journal of Political Economy, 93(6):1155-1177.

DOYLE J, GE W, MCVAY S. 2005. Determinants of Weaknesses in Internal Control over Financial Reporting and the Implications for Earnings Quality[J]. University of Utah, working paper.

DYER J H, NOBEOKA K. 2000. Creating and managing a high performance knowledge-sharing network: the Toyota case[J]. Strategic Management Journal, 21(3): 345-367.

ELLISON G, FUDENBERG D. 1995. Word-of-Mouth Communication and Social Learning[J]. The Quarterly Journal of Economics, 110(1): 93-125.

ENGELBERG J, GAO P, PARSONS C A. 2013. The Price of a CEO's Rolodex[J]. Review of Financial Studies, 26(1): 79-114.

FACCIO M, LANG L. 2002. The ultimate ownership of Western European corporations[J]. Journal of Financial Economics, 65: 365-395.

FALEYE O, HOITASH R, HOITASH U. 2011. The costs of intense board monitoring[J]. Journal of Financial Economics, 101(1): 160-181.

FAMA E F, JENSEN M C. 1983. Agency problems and residual claims[J]. Journal of Law and Economics, 26: 327-349.

FARH J L, TSUI A S, XIN K, CHENG B S. 1998. The Influence of Relational Demography and Guanxi: The Chinese Case[J]. Organization Science, 9(4): 471-488.

FISMAN R. 2001. Estimating the value of political connections[J]. American Economic Review, 91(4): 1095-1102.

FRACASSI C, TATE G. 2012. External networking and internal firm governance[J]. Journal of Finance, 67(1): 153-194.

FRANCIS B, HASAN I, SONG L, WAISMAN M. 2013. Corporate Governance and Investment-Cash Flow Sensitivity: Evidence from Emerging Markets[J]. Emerging Markets Review, 15: 57-71.

FUKUYAMA F. 1995. Trust: Social Virtues and The Creation of Prosperity[M]. New York: Free Press, 56.

GONG G, KE B, YU Y. 2012. Home Country Investor Protection, Ownership Structure and Cross-listed Firms' Compliance with SOX-mandated Internal Control Deficiency Disclosures [J]. Contemporary Accounting Research, 30(4): 1490-1523.

GOODMAN,BRYNA,宋钻友,周育民. 2004. 家乡、城市和国家：上海的地缘网络与认同[M].

1853-1937. 上海古籍出版社.

GRANOVETTER. 1985. Economic action and social structure: The problem of embeddedness [J]. Social Science Electronic, 91-3:481-510.

GUISO L, SAPIENZA P, L ZINGALES. 2009. Cultural Biases in Economic Exchange? [J] Quarterly Journal of Economics, 124(3): 1095-1131.

HAMBRICK D C, MASON P A. 1984. Upper Echelons: The Organization as a Reflection of Its Top Managers[J]. Academy of Management Review, 9(2): 193-206.

HOLMEN, HOGFELDT. 2004. Pyramidal power[M]. Headstart.

HUTTON A P, A J MARCUS, H TEHRANIAN. 2009. Opaque Financial Reports, R2, and Crash Risk[J]. Journal of Financial Economics, 94(1):67-86.

HWANG B H, KIM S. 2009. It Pays to Have Friends[J]. Journal of Financial Economics, 93 (1): 138-158.

JACOBS J, BRUCE K. 1982. The Concept of Guanxi and Local Politics in a Rural Chinese Cultural Setting[M]. Social Interaction in Chinese Society. New York: Praeger, 209-236.

JENSEN M C, MECKLING W H. 1976. Theory of the firm: Managerial behavior, agency costs and ownership structure[J]. Journal of Financial Economics, 3(4): 305-360.

JENSEN M C, MURPHY K J. 1990. Performance pay and top-management incentives[J]. Journal of Political Economy, 98(2):225-264.

KAHN H. 1979. World Economic Development: 1979 and beyond[M]. London: Westview Press.

KANG E, TAN B R. 2008. Accounting Choices and Director Interlocks: A Social Network Approach to the Voluntary Expensing of Stock Option Grants[J]. Journal of Business Finance & Accounting, 35(9-10): 1079-1102.

KHWAJA A I, MIAN A, QAMAR A. 2008. The Value of Business Networks[J]. Harvard University, Working Paper.

KIM J B, B Y, SONG, L ZHANG. 2011. Internal Control Weakness and Bank Loan Contracting: Evidence from SOX Section 404 Disclosures[J]. The Accounting Review, 86 (4):1157-1188.

KIM J B, A S DAN, M T STEIN, C H YI. 2011. Voluntary Audits and the Cost of Debt Capital for Privately Held Firms: Korean Evidence[J]. Contemporary Accounting Research,

28(2):585-615.

KNACK S, KEEFER P. 1997. Does Inequality Harm Growth Only in Democracies? A Replication and Extension[J]. American Journal of Political Science, 41 (1):323-332.

KRAMARZ F, THESMAR D. 2013. Social networks in the boardroom[J]. Journal of the European Economic Association, 11(4): 780-807.

LIAO C, CHEN J. 2009. Director Networks and their Similarity in R&D Expenditure Decision [J]. International Research Journal of Finance and Economics, 23: 75-88.

LICHT A N, GOLDSCHMIDT C, SCHWARTZ S H. 2005. Culture, law, and corporate governance[J]. International review of law and economics, 25(2), 229-255.

METZGER T A. 1977. Escape from Predicament: Neo-Confucianism and China's Evolving Political Culture[M]. New York: Columbia University Press,303.

MINTZ B, SCHWARTZ M. 1985. The Power Structure of American Business[M]. Chicago: University of Chicago Press.

MORCK R, YEUNG B. 2004. Family control and the rent-seeking society[J]. Entrepreneurship Theory and Practice, 28(4): 391-409.

MORCK R, A SHLEIFER, R W VISHNY. 1988. Management Ownership and Market Valution: An Empirical Analysis[J]. Journal of Financial Economics, 20:293-315.

NAIKER V, SHARMA D S. 2009. Former Audit Partners on the Audit Committee and Internal Control Deficiencies[J]. The Accounting Review, 84: 559-587.

OUCHI W G. 1980. Markets Bureaucracies Clans[J]. Administrative Science Quarterly, 25(1): 129-141.

PIOTROSKI J D, T ZHANG. 2014. Politicians and the IPO Decision: The Impact of Impending Political Promotions on IPO Activity in China[J]. Journal of Financial Economics, 111(1): 111-136.

RICHARDSON S. 2006. Over-investment of free cash flow[J]. Review of Accounting Studies, 11: 159-189.

ROCHELLE K. 1994. International Human Resource Policies and Practices In Japanese, European, and United States Multinationals[J]. Human Resource Management, 33(4): 581-599.

ROMER D. 1993. Rational Asset-Price Movements without News[J]. American Economic

Review, 83(5): 1112-1130.

SCHULZE W S, LUBATKIN M H, DINO R N, BUCHHOLTZ A K. 2001. Agency relationships in family firms: Theory and evidence[J]. Organization science, 12(2), 99-116.

SCHMIDT B. 2008. Costs and Benefits of "Friendly" Boards during Mergers and Acquisitions[J]. University of Southern California Working Paper.

SHLEIFER A, VISHNY R W. 1997. A survey of corporate governance[J]. Journal of Finance, 52(2): 737-783.

SIROVÁTKA T, MAREŠ P. 2006. Poverty, Social exclusion and social policy in the Czech republic[J]. Social Policy & Administration, 40(3): 288-303.

STANDIFIRD S S, MARSHALL R S. 2000. The transaction cost advantage of guanxi-based business practices[J]. Journal of World Business, 35(1):21-42.

TSUI A S, FARH J L. 1997. Where Guanxi Matters-Relational Demography and Guanxi In Chinese Context[J]. Work and Occupations. 24(1): 56-79.

UZZI B, GILLESPIE J J. 2002. Knowledge Spillover in Corporate Financing Networks: Embeddedness and the Firm's Debt Performance[J]. Strategic Management Journal, 23(7): 595-618.

WILLIAMSON O E. 1985. The Economic Institutions of Capitalism Free Press[J]. Journal of Economic Issues.

WILLIAMSON O E. 2015. The New Institutional Economics: Taking Stock, Looking Ahead[J]. Journal of Economic Literature, 38(3):597-175.

XIN K R, PEARCE J L. 1996. Guanxi: Connections As Substitutes For Formal Institutional Support[J]. Academy of Management Journal, 39(6):1641-1658.

YEUNG I Y M, R L TUNG. 1996. Achieving Business Success in Confucian Societies: The Importance of Guanxi (Connections)[J]. Organizational Dynamics, 25(2):54-65.

YU J L, W XU, P ZHANG. 2017. Geographical relationships and CEO compensation contracts[J]. China Journal of Accounting Research, 10(2): 127-139.

ZINGALES L. 2015. The "Cultural Revolution" in Finance[J]. Journal of Financial Economics, 117:1-4.

致　谢

　　本研究能顺利推进离不开国家自然科学青年基金项目(71702102)、中国博士后基金特别资助项目(2017T100301)、中国博士后基金面上项目(2016M601606)、教育部人文社会科学研究青年基金项目(15YJC790137)的资金支持。

　　本研究能顺利完成特别感谢博士阶段指导老师南京大学陈冬华教授、新加坡国立大学李真教授、博士后合作导师上海交通大学夏立军教授,还要感谢海外合作导师加拿大里贾纳大学张周教授、香港中文大学王丛和曹杰教授、澳大利亚昆士兰大学俞欣教授,特别感谢上海交通大学吴建南教授、姜文宁书记、陈宪教授、上海立信会计金融学院邵瑞庆教授、上海国家会计学院李颖琦教授、上海大学徐宗宇教授、苏州大学罗正英教授、上海对外经贸大学李婉丽教授、江西财经大学蒋尧明教授、谢盛纹教授等给予的学术指导,以及协助完成研究工作的沈永建、梁上坤新夫、蒋德权、全怡、徐巍、金鑫、陈春华、王亮亮、潘俊、邱保印、谢霏、王珊等学术好友。尤其要感谢立信会计出版社黄成艮编辑的策划和帮助。